学長の回顧録

在米40年,シカゴ大学名誉教授の波瀾万丈研究人生

土井 邦雄 著
群馬県立県民健康科学大学学長
シカゴ大学名誉教授

インナービジョン

単行本化にあたって

　第二次世界大戦終了15日前の昭和20年8月1日に，当時5歳の私は，富山市のB-29による大空襲で恐怖の一夜を過ごしましたが，無事生き延びることができました。その後，戦後の混乱期には，転校生として激動の日本を過ごしました。大学受験では，過酷な受験戦争を経験しましたが，学生時代には勉強せず開放感に満ち溢れた日々を過ごします。しかし，就職後には一転して，日本の高度成長期の猛烈社員の仲間に加わります。更に，学問の素晴らしさに目を開き，学生時代に勉強しなかったことを猛反省します。また，研究者としての自覚に目覚め，更に，学会で活躍する外国帰りの若い研究者達に大いに刺激されます。「外国には素晴らしいものがあるに違いない」との思い込みから，シカゴ大学への留学を実現しましたが，シカゴでは，「日本とアメリカの大きな違い」に驚くことばかりを経験します。研究の進め方から民主主義まで，日本とアメリカは大きく異なっていることに驚き，目をみはることになります。そうこうしている間に，「あっという間に」シカゴ滞在の40年が過ぎ去ります。

　その間に，乳がん検出のための世界最初のコンピュータ支援診断システムを開発し，ベンチャー起業化に成功します。世界の多くの国の研究者と交流することもできました。シカゴ大学退職後には，群馬県立県民健康科学大学の学長として，若い方を指導する立場になります。その後，私は自分の経験をできるだけ多くの方に知っていただきたいと考え，「次世代を担う若い方へのメッセージ」としてインナービジョン誌に連載記事を書き始め，2年後に本書をまとめました。現在，アメリカを含めて外国で活躍する日本人は膨大な数だと思います。しかし，その方々が，外国でどのような生活をしているのか，どのように困難や挑戦に対処しているのか，更に，どのように成功したのかはっきりしていません。そこで，次世代を担う日本の研究者には，世界に飛翔する勇気と元気を持っていただくために，この本が一助となることを願っています。

　　　　　　　　　　　　　　　　　　　　　　　　　　　土井　邦雄

目　次

第1回	6
連載開始にあたって ―富山大空襲からの生還―	
第2回	12
終戦直後の日本と転校生の少年時代	
第3回	18
受験戦争の高校時代と勉強とは無縁の大学時代	
第4回	25
社会人としての自覚と勉学への目覚め	
第5回	31
日本での国際光学会議と初めてのアメリカ旅行	
第6回	37
カンタムモトル研究の始まりとコダック研究所	
第7回	43
外国には素晴らしいものがあるに違いない	
第8回	49
シカゴ郊外での生活の始まり	
第9回	55
シカゴ大学での研究のスタートとノーベル賞の可能性	
第10回	61
ロングレンジの研究の重要性とアメリカでの研究のやり方	
第11回	67
アメリカの民主主義はすごい	
第12回	73
シカゴのミシガン湖とシカゴ大学	

第13回	80
初めての自分の家	
第14回	87
カート・ロスマン教授の死と必死の研究費獲得	
第15回	93
アナログ時代の終焉とデジタル画像の始まり	
第16回	99
NIHグラントの熾烈な獲得競争	
第17回	105
ヨーロッパとアメリカはすごく近い	
第18回	111
CAD研究の始まり	
第19回	117
シカゴ大学とベンチャー企業との共同作業	
第20回	123
学術研究のより良い進め方と考え方	
第21回	130
感情能力の基礎概念とその重要性	
第22回	137
落雷によるわが家の火事と後始末	
第23回	143
世界の研究者との交流	
第24回	149
類似画像のサイエンスの始まり	
第25回	155
知られざる群馬の素晴らしさ	

第1回

連載開始にあたって
―富山大空襲からの生還―

　1939年に，私は東京の荏原区で生まれました。父親は当時，逓信省に勤務していましたが，私が3歳の頃に北支戦線へ野戦郵便隊長として出兵しました。物心ついてからの父親の記憶は，出兵前に撮った私を抱いている父の1枚の写真だけでした (**図1**)。その後，父は無事帰国し，郵便局長として故郷の富山市に赴任します。第二次世界大戦の戦況は次第に悪化し，1945年8月1日には，富山市全市がB29の爆撃を受けます。

● ● ●

　その夜は，空襲警戒警報のサイレンが鳴り，父は急遽ゲートルをつけて郵便局の守備に出かけ，家には母親，姉，妹と私が残っていました。B29の爆撃が激しくなり，近所に爆弾の炸裂音が響きだし，火災が発生し始めたために，母は3人の子供をつれて，急いで近くの田んぼへ避難しました。そこには，他の家族も避難していました。空爆は更に激しくなり，ドカーン，ドカーンと地響きする爆弾の強烈な炸裂音が頻繁に聞こえ，近所の家々が次々に火事になるのが分かりました。その火災の激しい熱のためと，空から落ちてくる焼夷弾に対する防護のために母親は大きな布団をかぶり，両側に私と妹を抱えて田んぼの中の水に浸かっていました。姉は，1人で布団をかぶってい

**図1　北支戦線へ出兵する前の父親と
　　　2歳の筆者（昭和16年頃）**

たようでした。家々の火災の熱のために，母は時折「組長さん，水をかけてください！」と必死の叫び声をあげていました。組長さんは，軍服のような服をまとい戦闘帽をかぶった元軍人の方で，自分も頭からバケツの水をかぶりながら，田んぼの中の布団に次々に水をかけてくれました。子供心に，組長さんは男らしく勇敢だと感心していました。布団の下では，限られた狭い空間しかないために，母が時折「息が苦しくない？」と子供達の呼吸を心配していました。たまに布団を上げて，大きく息を吸い込んで，暗い空を恐々と眺めては，B29の連隊の飛来を恐る恐る見て，焼夷弾が当たらないようにと願っていたのを覚えています。B29の空襲は朝まで続き，当時5歳の私には，言葉に表現できないほどの強烈な経験でした。

● ● ●

　この経験は，今まで決して忘れたことはありません。でも，家族以外には，口外したことはありませんでした。多分，東日本大震災を経験した子供達も，私の幼少時の経験と同じように，生涯忘れることのない出来事になると思います。人生のスタート時の，このように極めて異常で強烈な経験が，それぞれの個人の生涯にどのような影響を与えるかは明確ではありません。しかし，私にとっては，B29の空爆を生き延びたことが，「いつも力強く生きる，頑張る，誰にも負けない，可能性を信じる，希望を持って生きる」という，私の強い信念の原動力の源となっているのではないかと想像しています。

● ● ●

　早朝，B29の去った後，田んぼからでた母親は，焼夷弾の爆発による大きな穴を眺めて，「こんなに激しい空襲では，お父さんにはもう会えない。分かったね。」と3人の子供達に繰り返し何度も言い聞かせていたのを良く覚えています。5歳の私には，それがどのようなことを意味しているかを理解することはできなかったと思います。しかし，その日の昼頃に父が生きているらしいと聞きました。その後，父が家族の前に無事な姿を見せてくれたのは，とても嬉しかったです。父によると，空襲が激しくなり郵便局の周囲も火災が広がり始めたので，郵便局員達に避難するよう指示して，自分も神通川を目指して走ったそうです。神通川は，富山市の西側を流れる「鱒の押し寿司」で有名な鱒の獲れる，富山県を代表する大きな川です。川を目指していた途中，若い女性の郵便局員が行く先が分からず迷っていたそうですが，「私についてきなさい」といって一緒に走って避難したために，2人とも無事だったそうです。その日の午後に，焼け落ちた富山市街を抜けて，親に連れられ郊外に移動しましたが，燃え燻ぶる家屋や焼死体

第1回 連載開始にあたって —富山大空襲からの生還—

図2　1945年8月1日夜，B29による富山大空襲の写真（参考文献1）より）

の転がる町を通り過ぎたのを覚えています。この富山大空襲では，多くの方が亡くなり，富山市の殆どの家屋が全焼したと聞きました。

●　●　●

その後，大人になり，1969年にはシカゴ大学の研究員として仕事をすることになります。シカゴに移ってから数年後，あの空襲から30年ほどたってから，ショッピングセンターの本屋で何気なくパラパラと本を眺めていましたが，あっと驚く写真（図2）を発見したのです。これは大変な衝撃でした。信じられないことです。それは，あの空襲の時の富山市の写真だったのです。全市が空爆の火災で燃え上がっていた時に，B29から写真を撮っていた人がいたのです。この写真のどこかには，私が含まれていると信じていますので，私にとっては貴重な記録です。また，この写真は私の幼少期の経験の明確な証拠と

なるものだと感じています。

　私の人生は，このような幼少期から出発し，その後，多くの紆余曲折を経て現在まで来ています。特に，多くの先輩や友人に色々な知恵を授かり，多くの方に叱咤激励され，多くの幸運にも恵まれています。このたびインナービジョン誌から，回想録を連載する企画をいただき，次世代を担う若い方々に参考になることもあるかと思い，執筆することにしました。

● ● ●

　連載は，2年間を計画していますが，大きく分けると，①富山空襲から生還の幼少期，②小学校，中学校，高校と頻繁な転校と，人格形成に影響する転校生時代，③勉強とは無縁の大学時代，④就職後，社会人となってからの勉学への目覚め，⑤40年にわたるシカゴ大学時代の回想，⑥より良い研究を進めるための考え方，⑦新しいサイエンスの始まり，⑧感情能力の基礎概念とその重要性，⑨知られざる群馬の素晴らしさ，などとなっています。

● ● ●

1969年にシカゴ大学のロスマン教授の招きによって渡米しましたが，当時の日本は極めて貧しかったため，日本から持ち出した全財産の1400ドルはあっという間に消え去り，1ヶ月後には全財産が30ドルと底をつき，家内と幼い子供達に「給料が出るまでは家族全員，病気になれないぞ」と宣言することになります。

● ● ●

1976年にはロスマン教授の予期せぬ死によって，突然，私はアメリカに放り出されることになります。これは，私にとって大変な試練だったと感じていますが，当時は，どうやって生き延びるかと必死でした。そのために考えられる全ての努力を試みたといっても過言ではないと思います。

第1回 連載開始にあたって —富山大空襲からの生還—

● ● ●

　その間に，画像診断の分野は，信じられないほど大きく変化しました。医用画像は，アナログからデジタルへと進化し，フィルム画像の時代からモニター診断の時代に移行します。画像のモダリティは，CT，MRI，PET，超音波などへと大きく拡張されています。この時代に，コンピュータ支援診断（CAD）が始まったのです。シカゴ大学の私の研究チームは，ロスマン教授の死後，カートロスマン放射線像研究所という名称をいただき，各種のCADの開発に貢献することができました。CADの開発と臨床実用には，多数の研究者や学生達とのチームワークや，多くのベンチャー企業との共同作業が必要でした。これは貴重な経験でした。その間に，シカゴで二度の国際会議を開催することもでき，世界の多くの国に共同研究者を持つことができたのはとても楽しい思い出になっています。

● ● ●

　2000年6月23日の夜には，大学院の学生の学位審査合格のお祝いのためにチャイナタウンに食事に出かけ帰宅する途中，家に近づくにつれて消防車の数が多くなるのに気がつきました。その火事が我が家だったのにはとてもびっくりしましたが，留守の間に，我が家に落雷し火災が発生したのです。私は冷静でしたが，家内にとっては大変なショックでした。しかし，この後，日本では想像できないほどのアメリカでの緊急時の被災者の救済や，保険制度の驚くほどの充実さには，目をみはる経験をすることになります。次回からは，そのようなことについて，執筆していきたいと思っています。

●参考文献
1) Baker, A.J. : Suicide Weapon. Weapons book No. 22, Ballantine Books Inc., New York, NY. 148 ～ 149, 1971.

第2回

終戦直後の日本と
転校生の少年時代

　子供の頃から，私は，趣味はできるだけ多い方が面白いし，色々な経験をすることは良いことだと思っています。その理由は，たくさんの楽しみを見つけられることと，趣味を通して多くの人を知ることが出来るからです。趣味だけでなく，スポーツも，勝負事も，たくさんの経験は色々なことで役に立つし，楽しみも増えます。大人になれば，仕事も楽しみのひとつになります。

●　●　●

　私の自慢の記録は，学校をたくさん変わったことです。小学校6回，中学校2回，高校2回，合計10回です。これは，父親が公務員のため転勤が多かったからです。私にとっては，学校が変わることはとても楽しいことでした。しかし，それは変わっているとか，変だと思われていました。学校が変わることは普通，友達を失い，勉強についていくのが難しいと言われていますが，私には，新しい友達が出来るし，良くない成績表はなくなるので，新たなチャンスが与えられたと思っていました。45年前に，大阪大学で内田　勝先生にお会いした時，この転校のことが話題になりました。内田先生は，「たぶん，転校は土井さんにとって大変良いことだったのでしょう」と言われたのを覚えています。そして，孟母三遷の話を教えてくれたのです。

図1 長野市の官舎をバックに凧揚げをする中学生時代の筆者(左:昭和27年頃)。手前左右は桑畑,右奥は胡桃の木,左端は杏の木。

● ● ●

　1945年8月1日の富山での大空襲の後,私の一家は金沢に移り住むことになり,8月15日には日本は敗戦を経験します。金沢では最初,水車という町に仮住まいをしますが,戦後は,極端に食料事情が悪化しました。金沢での最初の記憶は,母親に連れられ農家へ野菜をもらいに行ったことです。そこでは,母と子供達で,さつま芋の葉っぱの茎の部分を採っていたのを覚えています。それは,ご飯に混ぜて食事の量を増やすためのものでした。

● ● ●

　その当時,私が初めて覚えた英語は,"アイアムハングリー"でした。母親が子供のための雑誌の記事を読んでくれたのですが,戦後焼け跡に残った浮浪少年が,アメリカ兵に"アイアムハングリー"と叫ぶと,

アメリカ兵はチョコレートなどの食べ物をくれるという話です。私と妹は，英語の意味をよく分からずに，おなかがすくと，"アイアムハングリー"と大声で叫んでいたのを覚えています。

● ● ●

　その後，シカゴに移ってから，1974年の最初のヨーロッパ訪問中，パリに立ち寄り，ロスマンの知り合いのコダックのジャン・ティボーが空港まで出迎えてくれました。彼と話をしていたら，私と同じ年だと分かったのです。そこで，戦争中や戦後の話題になり，日本での食料事情の悪化の話をしたのですが，彼は「それは大したことではない。パリでは終戦後1週間，何も食べるものがなかった。水しかなかったので，子供にとってはとてもつらかった」と語ってくれたのには，言葉が出ませんでした。日本のことしか考えていなかった自分の狭い了見を反省することになります。その後，20年程たってから，彼の娘さんが医学物理士になり，パリの国際会議で偶然出会った時には，不思議なめぐり合いに驚きました。ラストネームが同じなので，もしやと思って声をかけたら，「お父さんは元気だ。私との出会いは聞いている」とのことで，とても嬉しかったのを覚えています。

● ● ●

　金沢では，その後，兼六園の近くの高台の家に引越し，石引小学校に入学しました。しかし，3カ月ほどで札幌へ転勤になり，幌北小学校に転入します。札幌の官舎は，北15条西3丁目の北海道大学病院の近くでした。札幌には4年間滞在します。この時の家族のビッグニュースは，私の迷子事件です。父親が札幌競馬場に子供達をつれて行ったのですが，大勢の人混みのために，迷子になったのです。私は，仕方なく1人徒歩で農場を通って家に帰ったのですが，親達は大騒ぎだったようです。自分では家に帰る方向は分かっていたのです

が，後で親にはしかられました。でも一方，喜んでいる様子だったのも覚えています。

● ● ●

　札幌のあと名古屋へ転勤になりますが，昭和24年の札幌から名古屋への国内旅行は容易ではありませんでした。青函連絡船で函館から青森に渡り，内地で下船すると猛烈なDDT消毒を受けます。大人も子供も男も女も，機関銃のような噴霧器を首の周りから服と体の間に入れられて，ダッ，ダッ，ダッとすごい勢いでDDTの粉末が撒かれるのです。これはダニやシラミの対策でしたが，すごく怖かったのを覚えています。あの当時の列車は極端に混んでいましたので，家族は郵便車と呼ばれる郵便物を扱う車両の一部に入れてもらいました。しかし，駅に着くたびに，一般の方々が「我々もそこに入れろ」と駅員に迫って，争いになっているのを恐々と目撃していました。東京駅では，親戚と久しぶりに会い再開を喜んでいるうちに，私は広い東京駅構内で迷子になります。結局，見つかるのですが，母親は，"今度は二度と会えないかもしれない"と，本当に心配していたようでした。後で聞いたのですが，戦後の混乱期には"子供さらい"が頻繁だったようで，東京駅からは日本中どこにでも連れて行かれる可能性があったそうです。母親は，私の迷子歴は4歳頃に，小田原海岸でのいとこ達との海水浴から始まったと教えてくれました。そこで，家族や親戚の間では"迷子のクニオ"として有名だったようです。しかし，私の方向感覚は良い方で，シカゴから外国へ出かける時，どこに行っても大体の位置や方向の見当がつきますが，たぶん，子供の頃からそのような習性をもっていたのかもしれません。

● ● ●

　名古屋では，土曜日に港区の宿舎に落ち着き，近所の学校で転向

してきた生徒として紹介されました。しかし，日曜日には千種区に官舎が見つかり，月曜日には千種小学校の転校生になります。そのため，港区の小学校は1日だけでした。名古屋では，鶴舞公園まで歩いて行って魚釣りを楽しんだことや，神社の境内での子供相撲大会の5年生の部で次々に勝ち進み，優勝したことが楽しい思い出です。名古屋に1年滞在したあと，東京に移転します。東京では，中野区野方小学校に転校します。学校や友達に慣れてきた6年生の夏休みに，千葉県岩井の臨海学校から中野駅に帰った時，「長野へ転勤する」と母親に告げられ，その場で先生や友達に別れの挨拶をしたのを覚えています。長野市では，善光寺の近くの三輪小学校6年生に転校します。これで六度目の小学校の転校です。2012年は，卒業してから60年になりますが，三輪小学校卒業生のクラス会には十数名が参加しました。

● ● ●

長野市では柳町中学校に入学し，2年生まで在学します。長野市は山に囲まれた町で，周囲に山並みを見ることができます。私はその風景が好きでした。シカゴでは山がなく不満でしたが，前橋に移動してからは，朝晩に赤城山と榛名山が綺麗に見える時はなぜか安心します。信州人は独特の故郷感を持ち，それは信州の歌「信濃の国」に象徴されていると思います。長野県の出身者は，カラオケでは誰でも，「信濃の国」を情熱こめて歌うことができます。それは，長野県では「信濃の国」が，小学校，中学校，高校の校歌のように歌われているからだと思います。誰が決めたか分かりませんが，信州には素晴らしい見識の方々がいたと想像されます。

● ● ●

長野市の官舎は，平屋建ての大きな家でした。庭には大きな胡桃の樹があり，私の部屋の窓からは塀を伝わって樹に登り，瓦屋根の

上に這い上がることができました。その屋根の一番高いてっぺんの部分の長さは約15ｍですが、ここに立つと信州の山々が近くに見え、実に気分が良かったです。この冷たい瓦の上を裸足で往復しながら、「大きくなったらアメリカに行く」と何度も独り言を繰り返していました。これは夢というより、誓いのようなものだったかもしれません。何故そのようなことを言っていたのかは覚えていませんが、当時、1951年にはサンフランシスコ講和条約が結ばれ、吉田茂首相の演説をラジオで聞いた記憶があります。アメリカは遥か遠い夢の国でした。その後、このことは全く忘れていましたが、少年時代の夢が実現しているのに気がついたのは最近のことです。そこで私は、機会があるたびに、若い方々には大きな夢を持つようにと話しかけています。

● ● ●

　中学3年生の時に、大阪の箕面中学校に転校しましたが、大阪の中学校の英語の勉強は、長野よりも非常に進んでいることが分かりました。そこで、親は家庭教師を雇い、しばらく私は勉強に集中することになります。また、大阪の子供達は、大阪弁をしゃべらない子供に対して決してやさしくありませんので、大急ぎで大阪弁をしゃべる練習をし、大人の世界に段々と近づいてゆきます。

第3回

受験戦争の高校時代と勉強とは無縁の大学時代

　私は，多くの経験をすることが大切と思っています。色々な経験をすることによって，人間は大きく成長することができます。若い方には，特に勇気を持って，新しい経験にチャレンジしてほしいと思っています。

● ● ●

　大阪では，池田市の池田高校に入学しました。この頃，真空管を使うラジオ組み立てに夢中になり（図1），アマチュア無線で世界中からの電波に興味を持ち始めます。これは中学時代の鉱石ラジオから進展したものですが，後日，理科系に進学することの始まりだったかもしれません。一方，ラグビー部に入り激しいスポーツを経験しますが，高校の成績が急速に下がったために，親に猛反対されます。あの当時は，ラグビー部は辞めさせてくれないという風評でしたので，父親と一緒に果物の包みを持って，先輩のラグビー部長と顧問教員の家をこっそり訪ねたのを覚えています。その結果，ラグビー部を辞めることができました。しかし，短期間でも，激しいチームスポーツを経験できたことは，とても良かったと思っています。

● ● ●

　東京では，高校2年から新宿高校に転校しました。この時には，代々

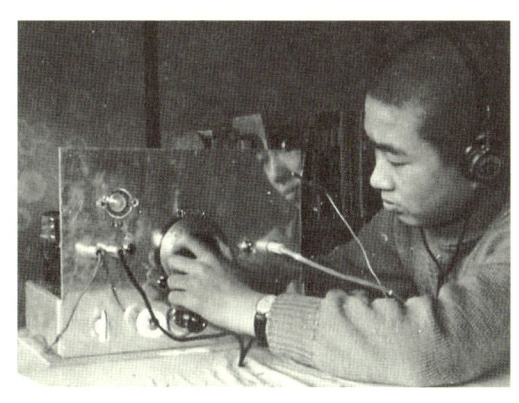

図1 ラジオ組み立てに熱中した時代の筆者

木駅前の知人の家のアパートに下宿することになります。このアパートのすぐ前には，木造の小さな建物の代々木ゼミナールがあったため，同じアパートに大学受験の浪人が6人住んでいました。現在の代々木ゼミは，巨大な全国規模の受験予備校ですが，あの当時（1955年頃）の代々木で始まったのです。浪人達は私よりも年上の先輩ですので，その連中から良いことも悪いことも習うことになります。煙草や酒も教えられました。ある時，父親が上京し，アパートを訪ねて来たことがありました。2畳半程の小さな私の部屋には机が置いてあるだけで，布団などは小さな押し入れに入っていました。父親は，私の部屋を見回した後，突然，押し入れを開けたのです。押し入れには，ウィスキーの瓶と煙草が隠してあったのですが，父親は何も言わずに夕食を食べに行こうと誘ってくれました。父親に，大目玉を食らうと覚悟していたのですが，何も言わないことにびっくりすると同時に，高校2年の息子の喫煙と飲酒を黙認してくれたことに，私はとても感謝していました。数年後，母親にこの話をしたら，「小学生の時からキセルでタバコを吸っていたと叔母さんから聞いているから，お父さんは何も言えないでしょう」との返事で，これにもびっくりした次第です。

図2 群馬県下仁田の神津牧場への高校時代の旅行
右からクラウドさん、新宿高校の友人と筆者（1957年頃の撮影）

● ● ●

　新宿高校には、2つのグラウンドがありましたが、更に"第3校庭"と呼ばれる新宿御苑に出かけることができました。第2校庭はコンクリートの壁で新宿御苑と仕切られていましたが、その壁の一部が壊れていたため、その部分をまたいで越えれば新宿御苑に入ることができたのです。学校の大掃除などの時間には、"不良とみなされていた"元気な高校生達は、掃除をさぼって第3校庭に出かけるのが常でした。たまに新宿御苑の守衛に追いかけられ、急いで第2校庭に逃げ帰ることもありました。ある時、数名の友人と第3校庭を散歩していたら、芝生の上で雑誌を読んでいたアメリカ人に出会ったのです。これは、"英会話の実力"を試す絶好のチャンスでした。アメリカ人は、クラウドさんという通信関係のレポーターでしたが、この出会いから高校生達はクラウドさんの友人になったのです。クラウドさんは、たまに洋食レストランで、高校生達にとっては高価なご馳走を振る舞ってくれました。そうこうしているうちにクラウドさんは、日本の英字新聞の記事で、群馬県下仁田の神津牧場や荒船山の紹介を見つけたのです。クラウドさんは、ここを訪問したいけど案内してくれるかと尋ね、3人

第3回 受験戦争の高校時代と勉強とは無縁の大学時代

の高校生は喜んで案内を申し出たのです。この一泊旅行は,私にとって初めての群馬訪問でした。神津牧場の神津山荘に宿泊し,ミルク風呂を初めて経験し,とても楽しい旅行でした(図2)。荷物は1つのリュックサックにまとめ,4人交代で担ぎました。クラウドさんは,その後アメリカに帰国しましたが,数年間にわたってアメリカの英語の雑誌を送ってくれました。私は,学校での英語の勉強は好きではありませんでしたが,英会話には強い興味を持っていましたので,その後もチャンスがあるたびに,外国人との会話を楽しんだことを覚えています。

● ● ●

この時代の大学受験は極めて激しい競争で,人気の大学や学部では20倍以上の競争率でした。そこで,高校生の間では,4当5落という言葉がはやっていました。これは,4時間の睡眠ならば受験に合格するが,5時間寝ると落ちるという意味です。試験の前には,高校から帰ると短い仮眠をとり,その後,明け方近くまで勉強することがありました。そこで,できるだけ睡眠をとるため,遅刻寸前に登校する習慣がついたようです。そのような激しい受験競争のために,大学合格者には現役よりも浪人の数が多い状態でした。浪人の問題は,解決すべき社会的な矛盾だと思っていましたが,高校生では口外する勇気はありませんでした。

● ● ●

そこで,自分は浪人をしない決意をしていましたが,幸いにも早稲田大学理工学部応用物理学科に入学できました。この学科に入学したのは60名でしたが,現役は10名だけでした。この60名の入学式の後の記念写真を見ると,多くの学生の表情に笑顔はなく,怒っているように見えます。その理由は,多くの学生は第1志望校に失敗して

いるからで，早稲田大学に入学しても嬉しくないのです。私もその1人でしたので，入学当時は社会と自分に対して怒っていました。記念写真撮影の後，5名の学生で麻雀をすることになりましたが，これがきっかけで，4年間ずっと麻雀を続けることになります。

● ● ●

その後，この5人は雀友として仲良し仲間になります。一方，大学での授業には，次第に興味を失い始めます。激しい受験競争からの反動があったと思いますが，別の理由は，教師の熱意が伝わってこなかったからだと思います。一部の教師は，黒板に式を書き続け，学生の反応には全く興味がないように思えたのです。そして私は，基礎科目の物理，化学，数学の全てを落第します。自慢にはなりませんが，応用物理学科の学生としては最悪の事態だったと思われます。しかし，4年で卒業するためにその後，自然科学として，地学，気象学，生物学をとることになります。そうこうしている間に，大学1年の秋には，家内の明子に出会います。魅力的な女性に出会ったことで，更に大学への熱意が低下することになります。

● ● ●

しかし，大学での講義には印象の強かったものもありました。特に，年配の教授の講義では，学生達に直接話しかけるような，わかりやすい内容が多かったと思います。今でも印象に残っているのは，講義の技術的な内容ではなく，それ以外のコメントや逸話でした。東京工業大学の伊沢計介教授は，「自動制御入門」の非常勤講師として，何時も元気で明るい声で明解な講義をしてくれました。その中で，「アメリカのMITの学生は，すごく勉強する。その理由は，大学の成績が卒業後の成功の程度に比例する」からだと説明してくれました。そこで，私はひそかに，「早稲田大学では，卒業後の成功の程度は，大

学の成績に比例しない」ことを証明する決心をしたのです。私の大学での成績はそれほど悪く，落第寸前だったかもしれません。今から10年ほど前までは，「単位が足りない。卒業できない。どうしよう？」という夢をたまに見ることがありました。何故そんな夢を見るのだろうと不思議でした。早稲田大学からはその後，工学博士の学位をいただき，シカゴ大学の教授になっているのに，学生時代の苦労の潜在意識は，なかなか消えないものだとわかりました。

● ● ●

　大学の4年間は，勉強はしませんでしたが学生生活を存分に楽しみ，とても有意義な時代だったと思っています。友達と日原鍾乳洞や尾瀬高原へ岩魚釣りに出かけたり，八ヶ岳登山，上高地から穂高山登山，大島から伊豆高原周り，冬はスキーに出かけ，早慶戦の大騒ぎ，油絵を始めたり，ビリヤード，碁と将棋，そして麻雀です。その頃，学生運動が始まり，東京大学安田講堂籠城事件や樺美智子さん死亡事件の後には，早稲田大学でも学生運動に熱心な学生の指導の下に学生集会が開かれていました。一部の学生達は騒然としていましたが，私は冷静でした。学生時代を楽しむには資金が必要です。そこで，家庭教師のアルバイトと麻雀の上がりが役に立ちました。夏休みには氷屋の配達をしました。当時は，電気冷蔵庫が普及していませんでしたから，家庭の冷蔵庫では毎日氷を購入するのです。小さな冷蔵庫では，毎日1貫目の氷で充分ですが，大きくなると2貫目，4貫目と増えてきます。これを自転車に積んで，家庭に配達するのです。たくさんの家に配達する時にはかなりの重量になり，大変な重労働です。氷を積みすぎて自転車がひっくり返ったこともありました。この過酷な肉体労働は1週間ほど続けましたが，貴重な経験でした。

図3 早稲田大学卒業式当日の記念撮影(結婚したばかりの明子と)

● ● ●

　大学に入学するのは大変な時代でしたが，就職は極めて容易でした。学生1人について，企業からは5倍程の人数の募集がありました。就職試験とは名ばかりで，自分の好きな企業に就職できる時代でした。1955年から始まった日本の高度経済成長のためでした。卒業研究は，中村堅一教授のご指導のもとに，エレクトロルミネッセンスや蛍光体に関する研究を行いました。そこで，就職先は蛍光体に関係する企業として，大日本塗料（株）茅ヶ崎工場を選ぶことになります。この会社を選んだ最大の理由は，茅ヶ崎海岸で海釣りをしたかったからです。

● ● ●

　早稲田大学の卒業式は1962年3月25日でしたが，明子との結婚式は3月15日でした。10日間は学生結婚ということになります。卒業式の後にはいつもの雀荘へ行き，学生最後の麻雀を楽しんだのですが，雀荘では赤飯を炊いて卒業を祝ってくれました。これで，麻雀も卒業し，以後，麻雀に情熱を傾けることはありませんでした。早稲田大学時代に良かったのは，麻雀を卒業したことと，生涯の伴侶（図3）を見つけたことだと思っています。

第4回

社会人としての自覚と勉学への目覚め

　1962年4月に，私は大日本塗料株式会社に入社しました。35名の新入社員は，大阪の本社で1ヶ月間の新入社員教育を受けます。この間，ほとんど毎朝，池田悦治社長（当時）の話がありましたが，これがすごく面白く，毎日が楽しみでした。社長は，前夜の宴会の芸者のことから創業者の苦労に至るまで，ありとあらゆる話題について，包み隠さず，平易な言葉とアドリブまじりで新入社員に語りかけたのです。しかし，社長が新入社員に言いたかったことは，明確に伝わったと思います。特に強く印象に残っているのは，「人間は，自覚することが大切だ」と教えられたことです。しかし，自覚するには，人生における大きな出来事のある時がチャンスで，例えば，卒業，就職，結婚，転居，新築，子供誕生などの時だと教えられました。私の場合には，卒業，就職，結婚と同時に3つ重なったので，特別の自覚が必要だとも教えられました。その結果，1ヶ月後には，私は学生時代とは全く異なった人間になっていたのかもしれません。この自覚の概念は，20年程後にアメリカで学んだ"カンタムジャンプ"と類似する概念だと思います。

● ● ●

　会社での私の配属は，蛍光体事業部の茅ヶ崎工場（極光研究所）

でした。ここでは当時，白黒テレビやカラーテレビのブラウン管用の蛍光体や，医療用分野では増感紙や蛍光板を作っていました。増感紙は，X線像を可視光に変換してフィルムに焼き付けるために利用されていました。最初の仕事は，増感紙フィルム系の解像力の特性をMTF（当時はレスポンス関数）という新しい概念に基づいて測定することでした。会社には，この概念をよく理解していた人がいなかったため，1人で勉強して3ヶ月後にはレポートをまとめ，関係者に報告したのです。その結果，坂本研究課長から，「新人賞ものだ」と励みになる言葉をいただくことになります。この研究はその後，日本医学放射線学会雑誌[1]と応用物理学会誌[2]に論文として掲載されましたが，私の最初の研究論文でした。

● ● ●

新婚の私は，茅ヶ崎市中海岸の松林の中の一軒家を見つけ，借家住まいを始めます。この家を初めて家内に見せた時には，あんなひどい，幽霊屋敷のような家には住みたくないと泣き出す始末でした。これには困りました。家は，数年間空き家になっていたため，確かにひどい状態でしたので，私が外壁に防腐剤を塗布することで，家内には了承してもらい住み始めます。防腐剤を塗るのは大変な作業でなかなか進まず，目に付きやすい前面部分から始めて，途中で休憩しているうちに，家内が何も言わなくなったのでそのままになってしまい，結局，この作業は再開することはありませんでした。当時の初任給は月給2万円以下で，家賃は6千円でしたので，生活はかなり苦しかったです。月末が近づき，電気，水道，ガス，新聞などの集金人が来る頃になると，家内と私は朝早く家を出て昼間は留守にすることにしていました。会社からの帰りには，しばしば，魚屋でサンマを1匹10円で買い，夜釣りの餌として三枚におろして小さく切ってもらいます。夜になると

カンテラを持って，茅ヶ崎海岸へイシモチという魚を釣りに出かけるのです。釣り道具は，竹竿，リール，テグスを買い求め自作したものを使っていましたが，竿を投げるたびにテグスがこんがらがり，一晩のうち半分以上はテグスをほぐす作業をしていました。今考えると信じられないことですが，当時はそれでも楽しかったのを覚えています。

● ● ●

　会社では，自由に研究できる時間が多かったために，MTFの次には，増感紙に使われるカルシウムタングステン酸（カルタンと略）という蛍光体に興味を持ちます。カルタンは，実用化されている割には，基礎的な性質は明確になっていないように思えました。そこで，物理研究室に放置してあった真空装置を改修して，液体窒素を用いるサーモルミネッセンスの実験を行います。その結果，私にとってはとても面白いデータが測定でき，カルタンの発光センターやトラップのエネルギーレベルを含むモデルの推定が可能になります。この実験結果は，1962年末の社内極光研究所発表会で報告することになります。この会に出席していた大谷常務が，「あれは何者だ」と鳥生敬郎研究部長に聞いたそうですが，入社1年目の自分が重役の目に留まったことはとても嬉しかったです。その6年後に，私はシカゴ大学に3年間出向することになり，茅ヶ崎工場長室に呼ばれて大谷常務に出発の挨拶をしました。その時，「君は帰ってくるつもりかもしれないが，行ってしまえば何が起こっても不思議はない。だけど，誰にも後ろ指を指されることなく，やることはちゃんとやっておくように」と言われました。それ以後，私にとって「やること」とは何なのかを，ずっと考え続けることになります。大谷常務はさらに，「君と僕の間だから」と言って，海外旅行の時に余った60ドルほどの紙幣を手渡してくれました。私にとっては大金で，とても嬉しく感激したのを覚えています。

一方，大学時代の不勉強による自分の基礎学力の不足を認識して，必要な分野から勉強を始めることになります。そこで，会社の同期生や後輩を集めて，毎週1回，会社の仕事の後に，極光若手研究会という名目の勉強会を始めます。最初は，ルミネッセンスのメカニズムから始まり，キッテルとデッカーの固体物理に進み，固体物理が大体わかると，次は量子化学と量子力学に取り掛かりました。アメリカ帰りの若い大阪大学教授である砂川重信先生の理論電磁気学の優れた本があると聞いてこれも勉強します。この本の冒頭には，「真空とは何もないということではない。電場や磁場が作用すれば一定の誘電率や透磁率などの物理的な性質をもち，それらによって特徴付けられる」と書かれていました。この本はサイエンスが何であるかを理解させ，目を開かせることのできる本当に素晴らしい本でした。さらに，数学の勉強も始めるのですが，このあたりで息が切れて途中で中止しました。しかし，この勉強を通じて，学問は実に素晴らしいものだと感嘆します。学生時代に真面目に勉強しなかったことを猛反省することになります。一方，会社の2年目からは，早稲田大学の大頭仁教授の光学研究室のゼミに参加することになります。毎週木曜日，会社の仕事が終わると茅ヶ崎駅まで走って電車に飛び乗り高田馬場へ出かけ，ゼミの後，東海道線の終電車に乗って茅ヶ崎に戻るのです。ゼミでは，私が一番先輩だったので後輩達をそそのかし，グッドマンの『画像処理入門』やボルン・ウォルフの『光学の原理』などについて，アメリカの先端的で本格的な本や教科書を精読しました。ここでも，学問の美しさと素晴らしさに強く打たれます。

1963年4月には，大阪で開催された日本放射線技術学会の総会に参加します。これが私にとって初めての学会参加でした。学会では，フィルム会社の方による粒状性についての研究報告があったのですが，会場から「粒状性の研究には，そのような方法ではなく，自己相関関数やウィーナースペクトルを使うのではないでしょうか」との質問が出て，レベルの高さにびっくりしました。セッションの後，質問された方に紹介されましたが，大阪大学（当時）の内田　勝先生でした。それ以来，内田先生が亡くなるまでの約50年間，私は特に親しくさせていただきました。内田先生は，その後，放射線像研究会（RII）（現・医用画像情報学会：MII）を発足させます。この研究会は，東京大学，大阪大学，名古屋大学とそれ以外の施設で年4回開催されていました。この研究会（図1）では，京都工芸繊維大学の金森仁志先生，東京大学の竹中栄一先生，キヤノンの佐柳和男さん，島津製作所の津田元久さんなどが中心人物として活躍していました。また，大阪大学では立入　弘教授，名古屋大学では高橋信次教授がホストとして参加されていました。研究会は通常，放射線医学教室の医局で開催され，参加者は20名程度の熱心な研究者達でした。私は，このグループの中では若手の1人でしたが，研究会に参加するのが楽しくて，毎回何かを発表するように心がけていました。さらに，先輩達に親しく質問することができ，研究会の後の懇親会では人生相談もできるようになり，とても幸運だったと感じています。

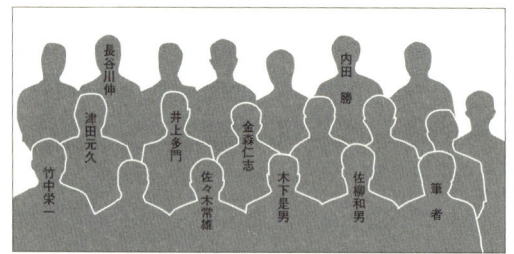

図1　放射線像研究会の参加者（1968年頃）
　　前列左から，竹中栄一（東京大学），佐々木常雄（名古屋大学：左から3人目），木下是男（NHK技術研究所），佐柳和男（キヤノン），筆者。中段左から，津田元久（島津製作所），井上多門（東芝中央研究所），金森仁志（京都工芸繊維大学）。上段は，長谷川　伸（電気大学：左から2人目），内田　勝（大阪大学：右から2人目）ほか。
　　　　　　　　　　　　　　　　　　　　　　　（すべて当時の所属，敬称略）

●参考文献
1) 滝沢達児, 土井邦雄：増感紙鮮鋭度のレスポンス関数による取り扱い. 日本医学放射線学会雑誌, **23**, 1029～1035, 1963.
2) 土井邦雄：X線スクリーンのレスポンス関数の測定. 応用物理, **33**, 50～52, 1964.

第5回

日本での国際光学会議と初めてのアメリカ旅行

　1955年からの約20年間は，日本の高度経済成長期と言われています。毎年，約10％もの経済成長を続けていた夢のような時代です。1962〜69年までの約7年半，私は大日本塗料株式会社の茅ヶ崎工場で仕事をしていました。当時の会社員の意識は，"猛烈社員"という表現に象徴されています。日本中で，「ドイツに追いつけ，追い越せ」がスローガンでした。日本と会社が良くならなければ，自分の将来はないと強く信じていたのです。そこで，会社では，ほとんど毎日残業をしていましたし，土曜日や日曜日に仕事をすることに抵抗はありませんでした。時間外勤務には上限があったため，一定の時間以上は自分勝手に仕事をしていたのですが，全く苦にはなりませんでした。当時の日本は，最近の若い方には想像できないほど貧しく，生活レベルはきわめて低かったのです。一般家庭には，電話や水洗トイレはありませんでした。

　1963年10月には，長男が誕生します。その直前に，親父と電話で話した時，「適当な名前はないだろうか」と軽率な言葉が出てしまいました。親父には「子供の名前は，親が子供にできる最も大切なプレゼントだ」と諭されます。これは，一生忘れることがない教訓となりました。私にとっては長男・仁志の誕生はとても嬉しく，池田社長の

訓示を思い出し，二度目の自覚のチャンスになったのです。1964年の元旦には，家内が東京へ出かける用事があったため，私は2カ月の赤ん坊の子守を引き受け，会社に出かけて畳の部屋のある守衛室で赤ん坊を預かってもらい，研究室で仕事をしていました。

● ● ●

　その当時，解像力の特性の評価にレスポンス関数という新しい概念が導入され，活発な研究テーマとなっていました。特に，カメラレンズや写真フィルムなどの特性評価に大きな関心が寄せられていました。レスポンス関数は，その後，MTFあるいはOTFという名称で統一されます。日本国内では，応用物理学会の光学懇話会（現在は日本光学会）や日本光学機器工業会などが主導的な役割を果たしていました。このグループの指導者は，東京大学生産技術研究所の久保田広教授でしたが，若手で活躍していたのは，スウェーデン王立研究所帰りのキヤノンの佐柳和男さんでした。佐柳さんは，放射線像研究会（RII）にも参加していて，若い研究者の私にとっては「すごくかっこ良かった」のです。そこで，佐柳さんの指導を仰いで，蛍光板のOTFの測定を始めます。その結果は，1964年に佐柳さんとの共著で，『応用物理』[1]に論文として掲載されました。佐柳さんは，いつも前向きな考えを持ち，若者の考えを支援してくれ，大学，会社，出身校などの垣根の全くない方でした。私は兄弟分のように仲良くしていただき，多くのことを学びました。特に，学会との関係については，「学会は，利用されるためにあるのだ」と明快に教えてくれました。これは驚きでしたが，それ以来，私はその気持ちを持って，世界中の多くの学会とお付き合いしています。

● ● ●

　1964年9月には，日本で初めての国際光学会議（ICO）が開催され，

世界中の光学関係の著名な学者達が多数参加しています。国際会議前の国内の準備では、久保田先生と光学の専門家達を前に、X線撮影系のレスポンス関数の研究について話をした時はとても緊張したのを覚えています。その国際会議では、私は初めて15分間の英語による口頭発表をしたのですが、すべてを丸暗記するためにテープレコーダーを購入して、毎晩練習したのは楽しい思い出です。国際会議の間には、本や文献でしか知らなかったエミール・ウォルフをはじめとする学者達に「一言でも話したい」と声をかけ、20人以上の方に挨拶して握手できたのは、"若気の至り"でしたがとても楽しかったです。会議録[2]を眺めると、著名な研究者達からのたくさんの質問もあり、とても充実した経験でした。レスポンス関数の重要性は、解像特性の評価に有効であるだけでなく、画像の分析に周波数領域の考え方を用いることができることと、フーリエ解析が画像解析の主要な役割を果たすことが、だんだんと見えてきたことだと思います。そこで現在、広範に利用されている画像処理の原点は、この時代のレスポンス関数の研究から始まったと考えることができます。

一方、放射線像研究会は3ヶ月おきに開催され、多くの放射線画像についての客観的な特性に関する研究は急速に進展します。私にとっては、多くの先輩の研究者だけでなく、著名な放射線科医を知ることになります。特に、名古屋大学の高橋信次先生は、亡くなるまでの約20年間親しくさせていただき、私の生涯に大きな影響を与えてくださいました。その当時、世界における放射線画像に関する研究の中心は、シカゴ大学のように思えました。なぜなら、1962年と64年にシカゴで先端的なシンポジウムが開催され、会議録として立派な本が出版されていたのです。次の会議は、1966年に開催されると考

えられていました。名古屋の放射線像研究会の時，高橋先生は，シカゴ大学のチェアマンのバブ・モーズレイ教授から次のシンポジウムへの招待状を受け取ったと教えてくれました。そこで私は，「モーズレイ先生の名前と住所を教えてください」とお願いしたのです。高橋先生は，若造の私に何の躊躇もなく手紙を見せてくれました。そこで，モーズレイ先生に私が日本でどんなことをやっているかを述べた手紙を書いたのです。返事はありませんでしたが，ノースウエスト航空の女性の方から茅ヶ崎工場に突然電話がかかってきて，「あなたの日本からシカゴへの往復の航空券が発行されましたのでお知らせします。ついては詳細な日程を決めてください」との連絡を受けたのです。私にとっては青天の霹靂でした。当時は今と違い，気軽に海外に行けるわけではなく，海外出張は少なくとも，係長以上でなければありえない時代でした。しかし，会社の上司と社長にお願いし，初めてのアメリカ出張に出かけることになります。会社の規定では，平社員の海外出張は2週間以内でしたので，13日間の予定を組みました。その間，飛行機を14回も乗り換える強行軍でした。

● ● ●

1966年4月，シカゴ大学での国際シンポジウムが開催されました。この会議には，世界中から約30名の著名な研究者が招待されていました。日本人は，高橋先生の代わりに名古屋大学の佐々木常雄助教授と，当時ロチェスター大学に留学していた佐柳さんが参加していました。この会議では，文献の著者として知っていた有名な方々（**図1**）に初めて会うことができ，私にとっては信じられないほどの嬉しく楽しい経験でした。ラッセル・モーガン，カート・ロスマンはじめ，フィリップス社やシーメンス社の一流の研究者達にも会うことができました。今考えると，若輩の私がなぜ招かれたのか不思議ですが，当時はその

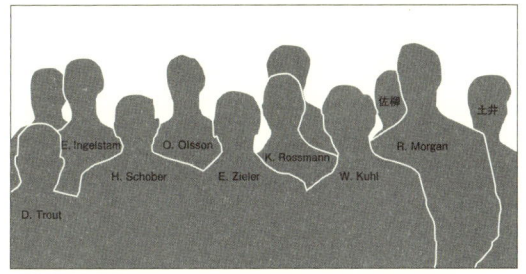

図1　1966年のシカゴ国際会議の出席者の一部
前列左から、Dale Trout (Univ. of Washington)、Herbert Schober (Univ. of Munich)、Eric Zieler (Philips)、Walter Kuhl (Philips)。中列左から、Eric Ingelstam (Karolinska Institute)、Olle Olsson (Univ. of Lund)、Kurt Rossmann (Kodak)、Russell Morgan (Johns Hopkins Univ.)。後列右から2人目Kazuo Sayanagi (Canon)、右端Kunio Doi (Dai Nippon Toryo)。
(すべて当時の所属、敬称略)

ようなことを考える余裕はありませんでした。ただただ嬉しく、感激していました。

● ● ●

シカゴの会議の後には、クリーブランドのピッカー社を訪問します。1965年に、私はアメリカの著名なジャーナル"*AJR*"に「X線管焦点のOTF」についての論文[3]を発表していたため、ピッカー社のフラン

ク・ドライシンガーから，葉書で抜き刷り要求を受け取っていたのです。そこで，当時アメリカで主要な医療機器会社だったピッカー社を訪ねたのです。その後，ロチェスター大学光学研究所の佐柳さんと，コダック研究所のカート・ロスマンを訪ねます。コダック研究所では，世界初の90秒の自動現像機を見せてくれました。この装置はその後，30年以上も世界中で利用されるのですが，あまりに先端的だったせいか，私にはその重要性がよく理解できませんでした。ロチェスターの後は，ニューヨークとワシントンを訪ねます。ニューヨークでは，コロンビア大学病院を見学しますが，血だらけの研究者によるイヌの血管造影の実験には驚きました。この実験を行っていたのは，有名なサデク・ヒラルであったことを後日知ることになります。ワシントンでは，NASA研究所のジョン・マングースを訪問します。ジョンは，東京での国際光学会議で仲良しになった若い研究者で，ワシントンでは彼の家に滞在し，4人の幼い子供達にも会うことができました。その後，サンフランシスコでは，早稲田大学の同級生で光学分野に進んだ親友の猿渡健郎君を訪ねます。彼は，国際光学会議で一緒に飛び回った仲間でしたが，その後，ファイバーオプチックスの会社を始めたカパニー博士に招かれてアメリカにわたったのです。その後，日本に帰りますが，帰国後の土日の2日間は，疲れがどっと出たのか，ほとんど寝ていたそうです。

●参考文献
1）土井邦雄，佐柳和男：X線撮影系のレスポンス関数（1）X線用蛍光板．応用物理，**33**, 721〜726, 1964.
2）Doi, K., Kaji, A., Takizawa, T., et al.：*Jap. J. Appl. Phys.*, Suppl. 4, 183〜, 1965.
3）Doi, K.：Optical transfer functions of the focal spot of x-ray tubes. *Am. J. Roentgenol.*, **94**, 712〜718, 1965.

第6回

カンタムモトル研究の始まりとコダック研究所

　1962年から69年10月にシカゴ大学に移籍するまでの約7年半の間，大日本塗料（株）茅ヶ崎工場での私の研究テーマのひとつは，増感紙フィルム系の粒状性の評価でした。増感紙とフィルムをカセッテに入れ，均一なX線を照射すると，現像後に一定濃度の写真フィルムが得られます。しかし，注意深く眺めると，写真フィルムには，モトリングと呼ばれる"もやもや"とした濃淡の模様が認識されていました。その当時，会社の品質管理課長だった加地昭夫さんという先輩から，「このモットリングを減少させるために，色々な増感紙や異なったフィルムを組み合わせて，様々な撮影条件で実験したけど，どうしても取り除くことができない。これには，何かあるぞ」と教えられていました。しかし，それが何であるかは，当時の私には，全く見当がつきませんでした。

●　●　●

　当時，海外からの情報は，主として外国雑誌に掲載された文献から得られるものでした。放射線医学に関するものでは，主として *AJR* と *Radiology* でした。最初に，大きな驚きをもって読んだ文献は，1964年当時のコダック研究所の研究者だったカート・ロスマンの論文でした。この論文では，増感紙フィルム系の粒状性の原因はカンタ

ムモトルだから，そのウィーナースペクトルの周波数成分からMTFを測定できるというものでした。驚きのひとつは，ロスマン達は，モットリングの原因を知っているらしいということでした。さらに，ウィーナースペクトルを実際に測定して，データを示していることでした。アメリカの研究は，日本の研究レベルよりもはるかに進歩しているように思えました。このロスマンの論文には，カンタムモトルらしいと突き止めた，1962年のコダックのマーリー・クレアによる文献が引用してありました。当時，私にとっては，英語の論文を読むのはとても苦痛でした。しかし，最先端の研究をするには英語は必須であるため，目標を立てて英語の論文を読む練習を始めます。最初は，1週間に一編の英語論文を読むことを目標にしました。コピーした論文は，単語の日本語翻訳の書き込みでいっぱいになりました。しかし，段々と進歩し，そのうちに毎日一遍の英語論文が読めるようになります。1969年にシカゴに移る頃には，毎日20 ～ 30ページの英文を読むことが目標になっていました。

● ● ●

　このクレアの論文には，式もグラフも写真もなく，ただ長い説明が繰り返されていたために，当時駆け出しの研究者だった私には難解でした。しかし，何度も読み返した結果，これは素晴らしい論文だと気がついたのです。この論文の要旨は，大体以下のようなものです。

　増感紙の感度やフィルムの感度などの異なった組み合わせを多数用意し，さらに撮影条件などを変化させて，実験を行った。その結果，増感紙フィルム系のX線吸収が増加するような条件では，モットリングは減少する。反対に，吸収X線量が減少するような条件では，モットリングが増加する。そこで，決定的な証拠はないが，色々な条件での実験結果を総合的に考えると，モットリングの原因は，X線量子の統計的揺らぎらしいと結論しているのです。

第6回　カンタムモトル研究の始まりとコダック研究所

● ● ●

　この論文の結論は，冒頭に述べた「何かあるぞ」といっていた謎が解けたことになります。私は，当時，ただただ「すごい研究だ」と驚いていました。その後，ロスマンは数編の論文を発表しますが，その中で重要なのは，放射線写真の粒状性の成分を定義し，それらの関係を明確に記述したことだと思います。ロスマンによると，放射線写真の粒状性は3つの成分からなり，フィルム銀粒子による粒状性，X線量子の統計的揺らぎによるカンタムモトルと増感紙の構造による粒状性を含みます。これで，モットリングの謎は，かなり明確になってきたように思えます。しかし，これらの3成分は，実際の増感紙フィルム系ではどの程度含まれているのかという疑問が湧いてきました。そこで私は，直ちにこれを新しい研究テーマとして，実験に取り掛かったのです。

● ● ●

　私の研究テーマは，増感紙フィルム系の粒状性の原因を定量的に測定し，決定することでした。そこで，まず，ウィーナースペクトルを測定することが必要になります。しかし，その当時，茅ヶ崎の会社にはほとんど装置がなかったために，通産省（当時）の科学研究費助成金を獲得することを計画したのです。当時私の上司だった鳥生敬郎研究部長の指導で研究計画書を作成し，その後，通産省の研究機関や指導的な病院の放射線科医などに面会し，準備を進め，訪問調査の結果，助成金を獲得することができました。その結果，マイクロデンシトメーターや周波数分析器などを購入して，ウィーナースペクトル測定装置 (**図1**) が完成したのです。このプロセスを通して，多くの著名な放射線科医や著名な研究者に会うことができ，20代前半の私にとっては貴重な経験でした。その当時お会いしたのは，東京医

図1　1965年頃に構築されたウィーナースペクトル測定装置

科歯科大学の足立　忠教授，聖路加国際病院の野辺地篤郎先生，関東逓信病院の吉村克俊先生，自衛隊中央病院の大出良平先生，放射線医学総合研究所の塚本憲甫所長などでした。この方々は，いずれも風格のある教養の高い一流の素晴らしい医師達で，その後，学会などでの発表や質問などを聞くチャンスがありましたが，私にはこの方々の一挙手一投足が大変勉強になりました。

● ● ●

　放射線写真の粒状性の原因には，ロスマンの研究から3成分があることがわかっていますので，この3成分の含まれている割合を決定することが研究の目的になります。そこで，この3成分の分離を考えました。そのためには，それぞれの成分の粒状性のウィーナースペクトルの形状を独立に求めておき，それらを基に3成分の割合を変えて

加算合成し、最終的なウィーナースペクトルを計算で求めます。次に、その結果を、実際のウィーナースペクトルと比較するのです。計算されたウィーナースペクトルの形状は、3成分の割合によって大きく変化しますので、この中に実際のウィーナースペクトルの形状と一致するものがあれば、計算に用いられた3成分の割合が実際に起こっている割合と推定されます。その結果、放射線写真の粒状性の主な原因はカンタムモトルで、全体の約90％を占めることがわかったのです。

● ● ●

　その後、1966年にシカゴで開かれた国際シンポジウムに出席することになりますが、この会議でこの研究結果を発表したのです。私が初めてアメリカを訪問することになったいきさつなどは、前回（第5回目：31～36ページ参照）に述べられています。この国際会議ではロスマンに初めて会い、さらに、文献でしか知らなかった世界の著名な研究者達に会えたのは、25歳の私にとっては、今考えると身震いするほどの素晴らしい経験でした。シカゴの国際シンポジウムの後、ロチェスターのコダック研究所を訪問しましたが、その時、長身で教養の高さを思わせるスペイン風の面影の男が私を笑顔で出迎えてくれ、マーリー・クレアと物静かに自己紹介してくれました。私は、あの論文の著者のマーリー・クレアですか？　と繰り返し訪ねたのを覚えています。何度も、何度も、深く感心しながら読んだ論文を書いた研究者に会えるのは、実に素晴らしいことです。たぶん、長年の旧知の友人に会うのに似ているのかもしれません。その後、多くの学会や研究会を通して、クレアとは親しい友人になりました。一方、ロスマンは、1967年にコダックからシカゴ大学に移ることになります。私は、1969年にシカゴ大学に移り、ロスマンの指導の下に研究を続けます。1976年にはロスマンの急死で、私は、アメリカに突然放り出されることになります。その時、

ロチェスターのクレアから電話があり,「ロスマンの急死で困っているだろうが, コダックへ来ないか, コダックはあなたを喜んで受け入れる用意がある」と誘いを受け, とても嬉しかったのを覚えています。

● ● ●

その当時のコダックの強大な力は, 医用画像の分野では今では想像できないほどでした。コダックは常に多くの新技術や新製品を開発所有し, 大きな棚の上に並べてあるので, いつでも取り出せるとの噂でした。日本のフィルム会社はコダックの動きに戦々恐々として, 次の新技術, 次の新商品が何かを恐る恐る見張っていました。私がシカゴに移る前の1969年に, フィルム会社の方々が送別会のような飲み会を開いてくれました。その時に,「将来, コダックに行くことはないでしょうね」と冗談交じりに念を押されたのを覚えています。しかし最近, 2012年1月の始めに, コダックが倒産したとのニュースを聞きました。これは大変な驚きですが, 一方, この世の中には「永遠に残るものはない」という現実を再確認することができます。

第7回

外国には素晴らしいものが あるに違いない

　時折,「なぜアメリカに行ったのか」と聞かれることがあります。それに対してはいつも,「好奇心です」と答えることにしています。当時,国内の光学関係の学会では,外国帰りの若い研究者が目をみはるほど元気に活躍されていました。例えば,名古屋大学の宮本健郎先生,東京大学の朝倉利光先生,早稲田大学の大頭　仁先生,機械試験所の辻内順平さん,キヤノンの佐柳和男さん,富士フイルムの大上信吾さん,日立製作所中央研究所の小倉磐夫さんなどの活躍は,とてもかっこ良く見えました。そこで私は,「外国には何か素晴らしいものがあるに違いない」と仮定したのです。それをぜひ知りたいけれど,そのためには自分も外国に長期間滞在せねばならないと思っていました。

● ● ●

　1966年のアメリカ短期訪問の後,NASAのマングースから,X線天体望遠鏡分野の研究員としてアメリカに来ないかとの誘いがかかりました。しかし,専門分野が異なることと,まだ博士号を持っていないことが気になって,これを断ることになります。当時,学位を持たないでアメリカに行くのはとても不利だと教えられていました。1967年には,コダック研究所のロスマンがシカゴ大学教授になったとの噂を佐柳さんから聞きます。佐柳さんはアメリカに行くチャンスだと教えて

くれ、ロスマンに手紙を送って、私の受け入れの可能性を打診してくれました。ロスマンからすぐに私に返事があり、シカゴ大学に来る気があれば受け入れたいが、今はベトナム戦争のため研究費がないので、将来、グラントが取れ次第シカゴに来てほしいとの連絡を受け取ります。そこで、しばらく待つことにしました。

● ● ●

　待っている間に、私は国内でできることを始めます。アメリカでは自動車なしには生活できないので、まず運転免許を取り、中古車を購入して運転を始めます。当時の車は、チューブ入りのタイヤでしたが、頻繁にパンクするので閉口していました。さらに、ギヤーチェンジをする時に、ギヤーにつながる棒がたまに絡まりあってエンストするのです。これを直すには、ボンネットを開けてドライバーで絡まった棒を外せばよいのですが、東京新宿の交差点でエンストした時には冷や汗ものでした。たぶん、若い方には当時の日本車を想像することは困難だと思います。

　大阪大学と東北大学では、非常勤講師として学生に集中講義を始めます。毎年一度、仙台に出かけ、東北の山菜やホヤなどの海の幸を楽しみました。数年前に久しぶりに仙台を訪問した時に、その当時の観光酒場と言われた居酒屋を見つけた時は驚きました。

　1967年には次男の剛志が生まれます。生まれる前は、長男がいるのでそれほど感激はないと予想していましたが、それは全く違っていました。病院から茅ヶ崎の自宅に戻って眠っている次男と、傍らの長男の小さな命を眺めた時には、2人に対する強い責任感と身震いするような喜びを感じていました。

第7回　外国には素晴らしいものがあるに違いない

●　●　●

　一方，X線撮影系の画像再現特性に関する研究をまとめて，早稲田大学に工学博士の学位論文を提出します。1969年には，口答試験の後，学位を受領することができました。また，応用物理学会の光学懇話会からは，光学論文賞をいただくことになります。光学論文賞は，東京大学生産技術研究所の久保田　広教授が創設したもので，当時，光学分野の若手登竜門のようなものでした。優秀な若い研究者達が受賞していたことと，久保田先生には深い尊敬の気持ちを持っていましたので私もひそかにねらっていたことから，この受賞はとても嬉しかったです。そうこうしている間にロスマンから，グラントが取れたから，シカゴ大学の研究員として3年間招聘したいとの手紙を受け取ります。

●　●　●

　しかし，その当時，会社員をアメリカに出すなどというのは，会社にとっては考えられないことでした。私がロスマン教授から招聘状を受け取った時，課長に話をしたら，「私では決められないから部長に持って行ってくれ」と言われ，部長に話をしたら，「私では決められないから社長に持って行ってくれ」と言われました。その当時は大阪に本社があって，池田悦治社長は京都に住んでいました。部長は私に，「毎朝京都から大阪に行く時，社長は一等車に乗るから，社長の横に座って説得しなさい」とのアドバイスをいただき，それを実行しました。池田社長は立派な方で，「良いことだからぜひ行きなさい」ということになりました。

●　●　●

　シカゴに移って2年程して，ロスマン先生が私にさらに長くいてほしいということで，色々な準備をしてくれましたので，会社の了承を

とるために，夏休みに初めて一時帰国しました。課長と部長に会いましたら，「社長に直接言うしかない」とのことで，再び京都に行きました。京都から大阪までまた電車に乗って，社長の横で話をしました。社長は快く，「それは残念だが，それでもよろしい。円満退社ということにしてあげよう」と言ってくださいました。社長はさらに，「もし君が将来新しい製品を開発することがあったならば，まず真っ先に大日本塗料に持ってきて製品化するのを忘れないように」と，温かい言葉をかけてくれたのを覚えています。しかし，会社との関係は，残念ながら次第に希薄なものになっていきます。

● ● ●

　1969年11月にシカゴに渡る直前の9月には，東京で第10回国際医学放射線学会（ICR）が開かれました。この会議には多くの外国人が参加していましたが，シカゴ大学からは10人の教授達が参加していたと後日聞きました。シカゴ大学放射線科チェアマンのモーズレイ先生は，そのために放射線科の旅費の予算がすべてなくなったと言っていました。この会議で注目していたのは，当時ミズーリ大学のロドウィック教授による特別講演でした。ロドウィック先生は，コンピュータを放射線医学に応用したパイオニアとしてすでに有名で，とてもわかりやすい話だったと記憶しています。話の詳細は覚えていませんが，1枚の漫画のスライドだけはよく覚えています。バックにはたくさんの大型計算機が並んでいて，その前に立つ若い医師がお腹の出た太った中年のおじさんに向かって，プリント紙を眺めながら，「Computer says "you are pregnant"（コンピュータはあなたが妊娠していると言っている）」というスライドです。このスライドは，コンピュータは間違える可能性があることを示したものですが，研究者がこのようなことを明確に示すのは勇気のいることだと思いました。それから20年程経っ

第7回　外国には素晴らしいものがあるに違いない

図1　シカゴ大学放射線科チェアマンのバブ・モーズレイ教授（右）と当時コダック研究所のカート・ロスマン博士（左）（1966年撮影）

て，ロドウィック先生と親しくなったのですが，その当時のことを話したら「残念ながら覚えていない」とのことでがっかりでした。

● ● ●

東京での国際会議の間に，モーズレイ教授夫妻，会社の上司の鳥生敬郎研究部長と私の4人で，瀟洒な和食料理屋で食事をするチャンスがありました。モーズレイ先生は150kgの巨漢（図1）ですが，同席した酔った様子の芸子がその魅力に取りつかれ，モーズレイ先生の手をさすったり握りしめたりしていましたが，モーズレイ先生はただ豪傑笑いを続け，芸子のなすままにしていました。モーズレイ先生の奥さんは黙っていましたが，私はとても気になっていました。そうこうするうちに，鳥生部長はモーズレイ先生に大事な話があると言って，手帳を取り出しメモを見ながら話し始めました。大まかな内容は，

このたびの私のシカゴ大学への招聘のお礼を丁寧に述べ，3年の任期の終了後には会社に戻ると理解しているというものでした。鳥生部長は，普段メモなしで話をする方ですが，大事なことをしっかりと話をしたのには感心しました。鳥生部長は極めて論理的で，物事に対していつも中立を保つ客観的な見方をする方でしたので，茅ヶ崎の会社時代には私の考え方に大きな影響を与えた方です。その後，私はシカゴに居続けることになりましたので，モーズレイ先生は，「ドクター・トリュウがハラキリナイフを持って追いかけてくるから，われわれは逃げ出さなきゃならない。そうだろ？」と，いつも笑いながら冗談を言っていました。

● ● ●

　冒頭に，「外国には何か素晴らしいものがあるに違いない」と仮定したのですが，私の今までの経験から，「日本になくて外国にしかない特別なものはない」と思っています。では，外国帰りの研究者達が元気なのはなぜか，という疑問が残ります。その答えは，次のようなものではないかと推測しています。外国を経験した若い研究者達は，「日本において優れた良い研究は，外国でも通用する」ことを実感したのではないかと思うのです。「外国には特別のものはない」ことを知って，おそらく自信を持ち，元気が出たのではないかと想像しています。一方，能力や性格などについて，日本人と外国人を比べて，どう違うのかという質問を受けることがあります。それに対して私は，人種の差よりも個人差の方が大きいと答えています。日本人だけを眺めても色々な方がいますし，外国人も同様だと思います。

第8回

シカゴ郊外での生活の始まり

　1969年10月末，私は家内と2人の子供と一緒にアメリカのシカゴに向けて出発しました。羽田空港では，親兄弟，親戚，大学の恩師，後輩や会社の上司など大勢の見送りを受けて出発したのです（図1）。当時，家族で外国へ移住するということは，そのくらい大げさで大変なことでした。当初は3年間の滞在予定でしたが，40年以上のアメリカ長期滞在になるとは，その時は全く思いもしませんでした。シカゴのオヘア空港では，シカゴ大学のロスマン教授が出迎えてくれ，シカゴビーチホテルという名前の仮住まいのアパートまで車で送ってくれました。ロスマンはビューイックの大きな車に乗っていましたが，トランクの横にはぶつけられたような小さな事故の痕が見えました。日本では見たことがないのでびっくりしましたが，ロスマンは，「飛行場に駐車しておいたら誰かがぶつけたらしいけど，運転には支障ない」と気にしている様子はありませんでした。しかし，その後も，この損傷を修理することもなく運転していました。これは，私にとって，アメリカにおける合理主義との最初の出会いでした。その後，アメリカでは事故の損傷を直さずに走っている車が多いことに気がつきました。

●　●　●

　アパートはレンガ作りの古い建物で，台所，食堂と大きな居間があ

図1　1969年10月,アメリカへ出発する際の見送りの方々
右から早稲田大学・中村堅一教授,大日本塗料(株)蛍光品事業部研究部・鳥生敬郎部長,早稲田大学後輩(NHK技術研究所研究員)畑田豊彦さん,次男剛志,家内明子,筆者

図2　シカゴ到着後のシカゴビーチホテルでの筆者一家

り,折りたたみ式ベッドになるソファが2つ置いてありましたが,茅ヶ崎の借家とは比べ物にならないほど広い部屋でした。部屋の壁や窓の部分は,何度もペンキを塗り変えたらしく,ペンキの厚い膜ができていました。しかし,日本から移動したばかりの6歳と2歳の子供達は,アメリカの大きな部屋と初めてベッドに寝るのが嬉しくてたまらず,興奮してベッドの上で何度も飛び跳ねていました。それがシカゴに到着した最初の日の印象でした(図2)。

第8回 シカゴ郊外での生活の始まり

● ● ●

2週間後には、ロスマンの住んでいる郊外のヒンズデルという村にある2ベッドルームの新しいアパートを見つけ移動しました。このアパートには、5年間住むことになります。田舎へ行くことになるので何となく心配していたのですが、ロスマンから、「アメリカでは村に住む方が素晴らしい。便利さは同じだ」と説明され、日本とは大分違う世界に来たのだと感心していました。その当時、日本における田舎のイメージは、不便で文化的ではない地域との印象でしたが、アメリカでは全く違うイメージであることには、恐ろしいほどの相違を感じました。最近では、日本の地方と都会の差はきわめて小さくなっていますが、当時は全く違う世界だったと思います。後日わかったのですが、ヒンズデル村はシカゴ郊外の高級住宅地で、シカゴの日系二世の方からは、「日本人があの街によく住めましたね」と言われたのを覚えています。当時は、まだ人種差別問題がくすぶっており、私達が訪米する前年の1968年のシカゴでの民主党大会の際には、大暴動が起こっていました。しかし、その後、人種問題は沈静化し始めたと思います。実際、シカゴの大暴動は、アメリカにおける人種対決の最後の大きな事件でした。私と家族は、今までアメリカ滞在中に、日本人としてあからさまな人種差別や不愉快な思いをしたことはほとんどありませんでした。

● ● ●

アパート生活を始めるとすぐに、必要なものを購入することになります。まず、最低限の家具と自動車です。自動車は1000ドルの中古車を月賦で購入する契約をしたのですが、アメリカに移住したばかりでは銀行からローンを受けることができないことがわかります。そこで、自動車のディーラーと交渉して現金割引を受け、あるだけの現金を支払い、残りはディーラーに借金しました。家具はシカゴのデパート

で最低限のものを月賦で購入したのですが,買った翌日に大幅な値引きセールの新聞広告を見つけました。びっくりしてデパートと交渉したのですが,セールの値段にするには現金であることが必要になり,やむを得ず現金で支払いました。そうこうするうちに月末が近づき,現金の残りが約30ドルになってしまいました。そこで,家族に向かって,「給料が出るまでは病気になれないぞ」と宣言することになります。

● ● ●

　このような状況になったのは,当時の日本とアメリカの経済的なレベルの相違が余りに大きかったからです。1ドル360円の時代で,シカゴ大学の私の年俸は1万5000ドルでした。これは日本の会社での7年半の給料の総額よりも多かったのです。その当時,日本で博士号を持っている研究者のアメリカにおける年俸は,大体1万2000ドルと言われていました。そこで私の友人は,「シカゴではプール付の家に住める」と教えてくれたのですが,それは全く的外れのアドバイスでした。当時日本から外国へ行くには,1人当たり700ドルの外貨制限がありました。4人家族では2800ドルになりますが,当時私の貯蓄はほとんどなく,親父から借金をしてやっとのおもいで1400ドルの外貨を確保しました。しかし,予期せぬ状況の変化で,1400ドルの大金はあっという間に消えてしまったのです。

● ● ●

　シカゴで生活を始めてからとても不便に思ったのは,「アメリカ人の英語が聞き取れない,何をいっているのかわからない」ということでした。日本にいた時には私は英会話が好きな方で,2か所の英会話クラスに参加していました。また,アメリカに移住する直前には,英会話の先生から,「あなたのアメリカでの英会話は全く問題ないでしょう」と言われていました。しかし,これは完全な思い違いであること

が明らかでした。このことをシカゴ大学に留学されていた方々に相談してみましたら、日本人は皆同じストレスを経験しているとのことで、原因の1つは日常会話の単語を知らないからだと教えられました。そこで単語帳を用意し、毎日20単語を拾い上げることを目標にします。これは2年ほど続きましたが、それ以上は必要ないと考え中止しました。また、テレビの天気予報や深夜に放映される昔の白黒映画を見て、英語を聞き取る練習を始めます。ロスマンにも相談し、経験に基づく色々なアドバイスを貰いました。ロスマンはドイツ人ですが、第二次世界大戦後にアメリカに移住したため、英語は外国語になります。ロスマンの経験では、乱読が良いとのことでした。新聞や雑誌の記事を、単語の意味がわからなくても片っ端から読むことだと教えられ、それ以後、シカゴトリビューンという新聞、さらに週刊誌のタイムや月刊誌のナショナルジオグラフィックの購読を始めます。40年後もいまだに継続していますが、これらは教養レベルの高い素晴らしい雑誌だと思っています。このような色々な努力は、英会話の理解に少しずつ役に立っていたと思われます。例えば、毎年、前年と比べてみると、前年よりは進歩していると感じています。しかし、その進歩の遅いのには驚くほどです。

● ● ●

家具や自動車などは高価な買い物でしたが、シカゴでは食品などの生活必需品は極めて安いと感じていました。特に、米は安価で美味しかったと記憶しています。牛肉や大きな海老も安く、エビフライやステーキなどを楽しむことができました。ガソリンは1ガロン40セント程度でした。衣類や雑貨品など低価格の製品は日本製のものが多かったです。当時は、大変残念なことに、made-in-Japanは安物の粗悪品の代名詞で、世界中に知られていました。現在のmade-in-Japan

は高品質，高級品の代名詞と考えられていますが，これは過去40年ほどの間に日本製の電気製品，自動車，工作機械，光学器械などの製品の質が格段の進歩を遂げたからだと思います。この変化は驚異的なことだと思います。一方，最近10年ほどの間には，韓国製の電気製品や自動車などが驚くべき進歩を示しています。さらに，現在の中国製品は40年前の日本製品と同様な状況と思われますが，10～20年後には高品質の中国製品に改善される可能性があると思われます。その頃には，世界は大きく変化しているかもしれません。

● ● ●

シカゴに移住して，長男の仁志は1年生としてエルムスクールという近所の小学校に入学します。仁志は英語を知りませんでしたが，学校の好意で授業後30分ほど英語の指導をしてくれました。この学校のある先生は，「自分の親はギリシャ人ですが，家庭で英語しかしゃべらなかったために，ギリシャ語を話すことができない。これは悲しいことです。家庭ではぜひ日本語を話してください」と言ってくれました。これはありがたい忠告でした。そこで，家では日本語を話すだけでなく，親以外の日本語になれるために，日本からの訪問客には子供達と話をするようお願いしました。お陰で，子供達は日本語の会話を理解することができるようになりました。入学に際しては，健康診断が必要で歯医者の検査も受けましたが，驚いたことに数ヶ所の歯の治療が必要でした。シカゴに来る直前に事情を説明して，日本の歯科医に治療をしてもらったのですが，全く役に立たなかったのはとても残念なことでした。

第9回

シカゴ大学での研究のスタートとノーベル賞の可能性

シカゴ大学でのカート・ロスマン教授 (図1) との研究についての最初の会話で,「論文を書くのがあなたの仕事だ」と言われ, びっくりすると同時に, こんなに素晴らしい楽な仕事はないと感じました。さらに,「日本でやってきた仕事の残りがあるだろうから, それを片付けることから始めるように」と言われ, 思いやりのある素晴らしい環境だとも思いました。研究テーマについては,「放射線画像に関するものなら何でも自分で思いつくものを追求するように」とのことで, 日本とは全く異なる世界にいるのだと感じました。

● ● ●

ロスマンの研究チームには, 当時ロスマンと一緒にコダックからシカゴ大学に移籍したアート・ハウス, シカゴ大学医学物理修士課程を卒業したばかりのケン・スツルーブラーと, ペンシルバニア大学でPh.D.を取得して, 私より1週間前に着任したチャールズ・メッツがいました。研究装置としては, 増感紙フィルム系の特性曲線を測定するX線センシトメータ (図2), MTFを測定するためのスリット装置とマイクロデンシトメータがありました。さらに, 正確なフィルム現像をするための暗室とX線装置もありました。コンピュータは大学の共同利用のIBMの大型計算機で, 端末が病院の中にありました。

図1 カート・ロスマン教授

図2 1968年頃にシカゴ大学で製作された
X線センシトメータ

X線センシトメータはコダック研究所にあった装置を改善したもので，当時世界で最先端の装置でした。その後，日本の多くの大学で類似の装置が製作されました。スリット装置は，固定X線管からの細いX線ビームを増感紙フィルム系に照射するもので，後日，小寺吉衞先生（現・名古屋大学教授）やスウェーデンのグニラ・ホルエ（ルンド大学）などによる膨大な数のMTFの測定をすることになります。

その結果はFDA/CDRHレポートとして，1982年と1986年に出版されています。

● ● ●

シカゴ大学での私の最初の研究テーマは，MTFを線像強度分布（LSF）のフーリエ変換によって求める時のLSFの裾野の部分の切断誤差の影響に関するものでした。この現象は，MTFの正確度に影響する大切なものでした。そこで，理論的な考察やコンピュータによるシミュレーションを行ってみました。すると，面白い現象であることがわかり，しかも，この誤差をある程度修正することが可能であることが理解でき，新しい手法を開発します。そして，結果をまとめて1970年夏のワシントンでの米国の医学物理学会（AAPM）に発表する準備を始めます。まずアブストラクトを用意したのですが，同室のケンを筆頭著者にしたのです。その理由は，この研究の発端はロスマンに依頼されたケンがMTFの計算をしていた時に，LSFの裾野のデータの値によって計算結果が異なることに気がついていたからです。しかし，この現象を論理的に追求することはできていませんでした。そこで，研究の発端への貢献と，同室のケンにプレゼントする気持ちで筆頭著者にしたのです。私は，論文は後日いくつでも書けると思っていましたので，軽い気持ちでプレゼントを考えていたのです。しかし，ロスマンから，「研究結果を他人にプレゼントすることは良くない，研究者はそのようなことを絶対にするべきでない」と諭されます。このことで私は，「研究者の厳しい考え方」を学びます。また，世の中の多くの研究には，先行研究やアドバイスなどの色々なことがヒントやきっかけになることがありますが，その研究全体への貢献度は，慎重に考慮する必要があることを理解します。この研究の場合には，切断誤差の詳細な理解に関する新しい知識は私が考えたものでした。このため

の知的活動の程度は，研究の発端の寄与の程度よりもはるかに大きいとロスマンは考えたのです。私もそれに同意しました。その後，この研究は私を筆頭著者としてイギリスの"*PMB (Physics in Medicine and Biology)*"という，医学物理の分野で最も権威のある学会誌に掲載されました。それ以後，LSFからMTFを計算する世界中の研究者はほとんど，この手法を用いていたと思います。

　　　　　● 　　● 　　●

　シカゴ大学での私の居室は，ケンと共同の部屋でした。そこで，ケンとは毎日色々な会話を交わし，親しい友達になります。特に，日本とアメリカの違いなどについて意見交換をしました。1969年の暮れが近づき，日本では紅白歌合戦の頃になったので，「アメリカで一番人気のあるテレビ番組は何か」と聞いたところ，すぐに返事が返ってこないのです。つまり，アメリカには紅白歌合戦のように，毎年暮れに皆がテレビを見る番組がないのです。しばらくして，4年に1回の「大統領選挙の開票だ」との返事があり，さらに，「スーパーボールやアカデミー賞授賞式も人気がある」とのことでした。このことからアメリカ人が，政治に関して極めて高い関心を持っていることがわかりました。それ以後，アメリカ人の政治への参加と関心の程度は，日本と比べると，"月とすっぽんほどの差"のあることがわかります。ケンには，自動車についても色々教えてもらいました。日本では，自動車には緊急時に備えて工具を積んでいます。しかし，購入した中古車のダッジ・ダートには何もありませんでした。そこで，「工具を買う必要があるか」と聞いてみたのです。その返事は驚いたことに，「ドライバー1本あれば十分だ」とのことでした。そこで，ドライバーを買って自動車に入れておきましたが，確かにそれ以後，ドライバーだけで十分役に立ちました。たぶん，多くの日本の自動車はいまだに，不必要な

工具を積んでいるのだと思います。日本でのパンクの経験からチューブの修理の話になると、アメリカの車にはチューブがないと教えられます。チューブがなければ空気が漏れると思っていましたので、私はどうしても信じることができませんでした。当時の日本の自動車の技術は、アメリカよりもはるかに遅れていました。

● ● ●

　LSFの切断誤差の研究が一段落すると、次はLSFのデータサンプリング間隔の影響を調べ始めました。ところが、しばらくすると、その研究はメッツがやっているとケンが教えてくれました。信じられなかったのですが、メッツに話してみるとまさに同じ研究をすでに始めていることがわかりました。そこで、私はその研究を中止します。メッツには、切断誤差の結果についても話したのですが、とても興味を持ち、「その誤差には理論的な上限がある」とのアドバイスをもらいます。メッツは頭脳明晰な男でした。メッツからは500ページの学位論文をもらいますが、これは核医学における画像処理についての理論的な研究で、世界で初めての詳細な研究だったことにびっくりしました。この中では放射線医学総合研究所の飯沼　武先生の画像処理の手法にも言及していたため、共通の話題を楽しみました。メッツの仕事は飯沼先生の手法を一般化したものでした。これを機会に、メッツとは40年に渡る共同研究者となり、親しい友人になります。メッツはその後、ROC分析についての研究を始め、大きな貢献を重ねて世界的な権威者になり、彼の生涯の仕事になります。メッツは複雑で難しいことをやさしく話しをするのに優れていますが、さらに自分と他人を明確に区別できる人間で、決して他人を羨むことのない優れた性格を持つ清廉潔白な正義の味方の人物です。「君子の交わりは淡きこと水の如し」と荘子の言葉にありますが、メッツとの交友はそのような関係を感じ

させる清々しいものでした。

● ● ●

　シカゴ大学で現在あるいは過去に，学生，教員あるいは研究者として在籍したノーベル賞受賞者は89名います。世界で一番多い大学です。日本人としては，小柴昌俊先生，南部陽一郎先生が含まれています。シカゴ大学では若い研究者に，「頑張ってノーベル賞をとってください」と言っても，冗談に聞こえない感じがします。1970年頃にロスマンと，「われわれはノーベル賞を取れるだろうか。そのためには何が必要か？」という会話をしたことがありました。私は，「われわれの分野では，飛躍的にX線量を減少して画像を得ることができる技術か，あるいは全く異なった画像系の開発だろうか？」と答えたのですが，ロスマンは，「ノーベル賞には基礎的な貢献が必要だから，われわれの分野では悲観的だ」との返事でした。その後，1974年に北米医学放射線学会（RSNA）がシカゴのパルマーハウスというホテルで開催された時に，イギリスのハンスフィールドの最初のCT画像についての特別講演がありました。この講演は前評判が高かったので，ロスマンと放射線科医のウィリアムス先生と私の3人で聴きに行きました。会場は超満員でした。頭部CT画像の解像度は良くなかったのですが，ウィリアムス先生は，「コントラスト識別度がすごいので脳腫瘍が明確に観察でき素晴らしい」との感想でした。その時，初めて，「コントラスト識別度」という表現と概念を聞いたと記憶しています。その後1979年に，ハンスフィールドはノーベル賞を受賞します。1980年代には，MRI（核磁気共鳴画像）が新しい画像として注目を集めます。MRIの研究者のポール・ロトバーはシカゴ大学でも講演してくれましたが，2003年にはノーベル賞を受賞しています。

第10回

ロングレンジの研究の重要性とアメリカでの研究のやり方

　シカゴ大学のカート・ロスマン教授は，ロングレンジの研究が重要だと常に言っていました。また，研究者の能力は，ロングレンジの研究ができるかどうかだと教えられました。当時，私はその意味がよくわかりませんでした。しかし，研究の経験を積み，たくさんのグラント申請書を書き，若い学生や研究者を指導するようになって，ようやくその意味がわかったような気がします。実際，アメリカのNIHの一般研究者の自己申請による研究グラントでは，3年以下の研究を受け付けてくれません。その理由は，短期的に完成する研究には，大きな価値がないと考えられているからです。反対に，継続グラントの場合には，10年も20年も継続する研究もあります。サイエンスや社会に対して大きなインパクトを与えるには，スケールの小さな研究ではなく，長期的な努力を必要とするスケールの大きな研究が大切なのです。

● ● ●

　ロスマンは，1926年にドイツのベルリンで生まれました。第二次世界大戦の時は大学生でしたが，学徒動員でロシア戦線で戦ったそうです。しかし，銃弾で足を負傷し病院に入院していた時に終戦を迎えたのです。戦後，しばらくしてアメリカにわたり，オハイオ州立大学に入学し，Ph.D.を取得します。この間の事情は，ロスマンの父親

の仕事と関係しています。ロスマンの父親は，ドイツの先端的な軍事弾道研究所の所長をしていましたが，終戦までロケットの開発をしていたそうです。終戦直後には，この研究所の研究員達は，アメリカかロシアに移住することができたそうです。ロシア側へ行った研究者達は，有無を言わさず拉致されたそうですが，アメリカ側では来る気があるかを問われ，待遇なども教えてくれたそうです。そこで，ロスマンの父親はアメリカを選んだのです。その当時，ドイツ人の研究者達は，つかまらないように昼夜を問わず逃げ回っていたということです。ロスマンはオハイオ州立大学の学生時代に奥さんのヘレンさんと出会い結婚しました。

● ● ●

ヘレンさんと一人娘のリンちゃんは，1969年に東京で開催された放射線医学国際会議（ICR）に参加されたので，私の家族と一緒に食事をしたことがありました。その時は，東京・西荻窪の実家に招待したのです。両親に紹介したかったのと，日本の代表的な中級サラリーマンの家を見てほしかったからです。その後，私がシカゴに移ってしばらくしてから，ロスマンは私の両親に会えたことや実家に招待されたことなどを感謝していると言った後に，思いがけないことを口にしたのです。それは，「あのように小さな家が接近しており，隣の家の叫び声が聞こえるような状況では，アメリカ人やドイツ人ならば殺し合いになるだろう。しかし，日本人は狭い国土に隣人と一緒に接近して生きていくために，長い間にどのようにして共存するかを学んだに違いない」というものでした。これは，日本人には気がつかない観察だと思いましたが，たぶんその通りだと感じました。

● ● ●

ロスマンは，ウィーナースペクトル測定装置を組み立てる計画を立案し，

図1　蛍光X線による単色X線発生装置と半導体検出器

そのための予算はグラントの一部として用意してありました。私はすでに日本で構築した経験（第6回目：39～40ページ参照）がありますので，この仕事は私がやることになります。ただし，シカゴ大学の装置は日本で構築したものよりもデラックスな装置になりました。この装置の光学部分は，頑丈な工作機械のベンチの上に組み立てられ，必要な部品は購入し，それ以外の部分は放射線科のマシーンショップで製作されました。このショップは町工場のような施設で，アダモというボスと3人の機械工が働いており，放射線科で必要になる新しい透視診断用の検査寝台などを製作できるほどの技術を持っていました。これには，とても驚きました。当時，大学病院でも最先端の研究を進めるには，高度の工作機械製作の能力を必要としていたのです。

● ● ●

私は，アダモやショップの連中と仲良しになり，ショップを利用して研究のためのX線管焦点の測定装置，単色X線発生装置（図1），散乱線実験装置などの精巧な機械装置を作ることができました。このアダモが突然，日本語で書いてある放射線装置の設置についての指示書を持ってきて，「なんて書いてある？」と言うのです。そこで，「これは一体何だ」と聞き返したところ，当時チェアマンのモーズレイ先生が，東芝社製の回転横断撮影装置を日本から購入したもので，臨

床に使用するためアダモが設置を試みていたのです。これにはとてもびっくりしました。回転横断撮影装置は名古屋大学の高橋信次先生が考案したものでした。当時，日本からのこのような装置の輸入は考えられないことでした。おそらく東芝は英文による適切な説明書を用意できていなかったと想像されます。アダモは私と問答しながら設置を進めたのですが，しばらくして何も聞いてこなくなったので「どうした？」と聞いたら，「あれは廃棄処分にした」とのことでした。患者を乗せて移動する検査寝台に重たいアメリカ人を乗せてテストをしていたら，寝台がしなってしまったことや，移動用の車輪が壊れてしまったことが原因とのことでした。とても残念でしたが，当時の状況ではあきらめるしかないと思いました。

● ● ●

ロスマンはシカゴ大学に移ってからすぐに，物理的な画質が臨床的にどの程度重要かを調査したのです。その結果，臨床医は普段画質のことをほとんど意識していないことが分かり，画質に関する研究の中心課題は，物理的な画質と臨床的な画質との関係を調べることだと結論したのです[1]。そこで，私は放射線科医達の毎日のカンファレンスでの読影報告会や，レジデントの研究発表会に毎週出席し，さらに，血管造影などの実際の臨床検査の一部始終の観察を始めます。読影や臨床現場の詳細を知ることは，私にとって極めて重要な経験でした。この経験は，その後の研究に大きな影響を与えます。

● ● ●

しばらくして，アメリカにおける研究のやり方は，日本とは大分違うと感じました。日本では，アイデアに基づいて計画することから始まり，実験を行い，結果の分析まですべてを自分1人でやりました。しかし，アメリカでは分業しているように思えました。X線写真撮影

やフィルム濃度の測定はテクニシャンと呼ばれる技師に依頼できるし，装置を作るにはマシーンショップに頼めばよいのです。研究者の仕事は，研究全体を考えながら1つ1つのコマを進めることになります。そこで，研究には作業と知的活動の2つの異なった面のあることが理解できました。一人前の研究者にとっては，知的活動が主たる研究活動になります。アメリカの研究の進め方では，研究者や技師などのすべての人件費を研究費に含むことができるので予算が膨大になりますが，研究者が知的活動に集中することを可能にし，研究の効率が良くなると思いました。アメリカでは，専門家によるチームワークの研究と解釈できます。

● ● ●

シカゴに移って半年ほどして，夜中に突然目が覚め背中の筋肉が何となく変な感じがしました。筋肉を動かしたい強い衝動に駆られたのです。そこで，暗いリビングルームでしばらく体操をしたのです。すると，大分気分が落ち着いてきました。アメリカでは，ほとんど歩くことがないので，運動不足になっているのだと考えました。そこで，同室のケンに相談すると，自分も運動不足と思うので，大学のジム（室内体育館）で昼食時に一緒に運動しようということになりました。ジムでは，はじめ1マイル走り，重量挙げなどの筋力トレーニングをし，プールで泳いだ後に，昼食を取ったのです。これはとても効果的で，気分爽快で，体重は見る見るうちに減少しました。私は学生時代には太っていなかったのですが，結婚後少しずつ体重が増加して，シカゴに移った頃には若干肥満気味でした。ジムに通い始めて4ヶ月ほどすると，体重は10kg減り，腹囲は10cm細くなりました。日本から持ってきた服はすべて，だぶだぶになる始末でした。その後，日本を訪問するチャンスがあったのですが，研究会での講演の後，以前

からの知り合いが,「アメリカではさすがに大分苦労されているのですね」と,私の体形の変化について同情してくれたのには,びっくりすると同時に苦笑いしました。ジム通いは数年続きましたが,段々忙しくなって中止することになります。それ以後は体重を注意するように

図2 大頭先生ご夫妻と長男イタルちゃん(左3人),内田先生(右側)と,筆者の家内と息子達

なりますが,残念ながら年々少しずつ増加の傾向です。

● ● ●

当時,日本からシカゴへの訪問客は極めて限られていました。最初の訪問客は当時大阪大学の内田 勝先生でした。内田先生は1ヶ月の滞在中にワシントンでのAAPM学会に参加し,その後,ニューヨークやウィスコンシンを一緒に訪ねて楽しい時を過ごしました。早稲田大学の大頭 仁先生は,セントルイスのワシントン大学に留学されていましたので,ご家族と一緒にシカゴを訪問し,内田先生にお会いしたことがあります(図2)。その後,当時NECの稲邑清也先生(後日,大阪大学教授)が放射線治療物理のスケーグス先生と一緒に,私の部屋に突然現れた時のことも嬉しく記憶しています。稲邑先生は私と同年輩ということもあり,それ以来40年以上にわたって親しくさせていただいています。

●参考文献
1) Rossmann, K., Wiley, B.R. : The central problem in the study of radiographic image quality. *Radiology*, **96**, 113～118, 1970.

第11回

アメリカの民主主義はすごい

　シカゴに移籍してしばらくしてから，有名なウォーターゲート事件が起こりました。当時，共和党のニクソン大統領の再選後に大きく取り上げられたのです。この事件は大統領選挙戦の最中に，ウォーターゲートと呼ばれる高級マンションに置かれていた民主党の大統領選挙本部に泥棒が押し入り，盗聴器を設置しようとしていたのが発覚して捕らえられたのです。問題は，この泥棒達に指令を与えた後ろ盾や首領が誰かということなのです。たぶん，多くの方は，このようなことを企てるとしたら，「共和党の大統領候補ではないか？」と推測できると思います。当初，ニクソン大統領は関与を否定していましたが，アメリカ議会がこの事件に直接介入したのです。1973年には，上院議員による特別委員会が設置され，すべての関係者は召喚され，一人ひとり質問されたのです。この公聴会の様子はテレビで毎日生放映され，夜には昼間の質疑答弁と詳細な解説がアメリカ中に報道されたのです。驚いたのは，この証人喚問によって，次々に新しい事実が判明していったことです。証人達は最初に，「嘘をついたら罰せられる」と宣誓してから証言を始めます。ホワイトハウスの大統領補佐官からは，「ホワイトハウスの各部屋にはマイクが設置してあり，すべての会話がテープに記録されている」との爆弾発言があり，調査は急速に進

展していきました。

　　　　　　● 　 ● 　 ●

　私はこの事件の質疑応答の様子をテレビで毎日熱心に見て，多くのことを学びましたが，特に，「アメリカの民主主義はすごい」と感嘆していました。今までに理解していた日本の民主主義とは，全く異なるものだと感じました。証言する人達はそれぞれ独立で，「誰かをかばう」発言はほとんどありませんでした。しかし，ニクソン大統領の秘書が，「大統領の録音テープを18分間にわたって偶然に消去した」と，不可解な証言をしたこともありました。質疑も答弁も，感情に支配されているような気配は全くありませんでした。調査の結果は，次第にニクソン大統領の直接の関与を示していたため，議会は弾劾裁判に向かっていました。そこでニクソン大統領は，自ら大統領を辞任したのです。前司法長官をはじめ多くの関係者達は，その後それぞれの裁判で有罪になり投獄されました。この事件を通して私は，「完成度の高いアメリカの民主主義」を知ることができましたが，さらに，「アメリカ人の正義感の強烈な強さ」を知ったようにも思いました。この強烈な正義感は，残念ながら日本には存在しないものだと感じました。

　　　　　　● 　 ● 　 ●

　シカゴ大学では，放射線科に医学物理に関する大学院の研究教育プログラムがあります。デイブ・グッデナフは，医学物理におけるカート・ロスマンの最初の学生でした。デイブは，放射線画像における簡単な被写体（ビーズ）の検出特性の評価に，初めてROC曲線を測定した研究を行ってPh.D.を取得します。その後，ロスマンの研究チームの研究員として研究を続けますが，しばらくして，FDA/CDRH（当時BRHの名称）の研究員になります。一方，医用画像解析の分野で後に有名になるバブ・ワグナーも，同じ頃にFDA/CDRHの研究員

となります。FDAがこの分野の研究者達を雇用して知識や技術を強化し始めたのは，医用画像診断機器や装置に関係する放射線画像や画質の定量的な評価が必要と考えたからです。このようなFDAの方向性は，現在も継続されており，最近ではCAD装置の認可や評価なども含む強力なチームになっています。

● ● ●

当時FDAが行ったのは，シカゴ大学にあるのと同等の装置を設置して，画質評価のための解像力やノイズの測定法を確立することでした。実際，シカゴ大学ではFDAと共同研究を行い，「FDAの測定結果はシカゴ大学の測定結果と一致する」ことを確認したのです。さらに，多数の希土類増感紙の特性を総合的に評価して，「従来の増感紙と同等の画質で患者の被ばく量を約半分に減少できる」ことを証明したのです。これらの大がかりな研究は，スウェーデンのグニラ・ホルエ（ルンド大学），小寺吉衛先生（現・名古屋大学教授），東田善治先生（前・九州大学教授）などによって行われ，1982年と86年にHHSレポートとして出版されました。その後，希土類増感紙は世界中の病院で臨床に実用化されたのです。

● ● ●

アメリカやヨーロッパでは，一般にファーストネームで呼び合うことが知られています。しかし，大学などのアカデミックな世界では，「ドクター・ロスマン」などと「ドクター」を付けて呼ぶことがあります。例えば，放射線科のチェアマンのモーズレイ先生を，多くの方は「バブ」と呼びますが，医局員達は「ドクター・モーズレイ」と呼びます。医局での修行が終了し，一人前の医師になっても相変わらず，「ドクター・モーズレイ」と呼ぶ場合もあります。モーズレイの後にチェアマンになったジョン・フェネシイ先生は，長い間モーズレイを「バブ」と呼ぶこ

とができなかったと話してくれました。その理由は，恩師に対して深い尊敬の気持ちを持っていたからです。私はモーズレイをバブと呼んでいましたが，ロスマンに対しては「ドクター・ロスマン」でした。しかし，そのうちに「カート」と呼ばなくてはいけないと思っていました。そのチャンスは，コロンビアでの国際会議で到来します。

●　●　●

　FDA/CDRHは，放射線画像の分野で指導的な役割を果たしたいという気持ちを持っていました。そこでFDAは，1974年にワシントン郊外のコロンビアで国際会議を主催します。この会議には，高橋信次先生をはじめ，多くの著名な研究者達が招待されました。会議では，ロスマンがセッションチェアマンとして私を紹介してくれました。この時，決心して，「サンキュー・カート」と挨拶して講演が始まったのです。講演の後，1人の男性が私に近づいてカルキュレータを取り出し，ウィーナースペクトルのパラメータを素早く入力して，計算結果をその場でデモしてくれました。私はびっくりしていましたが，彼が画像分析の教科書 "Image Science" の著者として有名なロドニー・ショウであることを知ります。この会議では後日，DSAを開発したことで有名なウィスコンシン大学のチャック・ミストレッタにも初めて会いましたが，その後，親しい研究仲間になります。会議の間に，チェサピーク湾で獲れるブルークラブを食べに，ボルチモアまで数人の研究者達と出かけました。鄙びた感じのレストランでは，テーブルの中央に特別の香辛料で茹でた蟹が山積みされ，客は木製のハンマーで蟹をたたき割りながら食べるのです。この蟹は信じられないくらいおいしいものでした。ボルチモアのブルークラブは，アメリカを代表する料理のひとつだと思います。

第11回 アメリカの民主主義はすごい

● ● ●

　デイブ・グッデナフがロスマンの研究チームにいる間は，同じ居室に机を並べて仲良しになっていました。そこで，一緒に共同研究を始めることになります。レーザー光の回折を利用するアナログ画像処理装置を用いて，放射線写真に含まれるグリッド線を除去する方法を開発したのです。その原稿を書き終わった時に私は，「論文の書き方がわかった」という強い印象を持ちました。私にとってこれは，画期的なことでした。それが何であるかを記述するのは困難ですが，それまでにはそのような自信を持ったことはありませんでした。後日，これがカンタムジャンプと言われるものだとわかります。人間の色々な面での大きな進歩は，しばしば突然起こります。アメリカで生活を始めて，「アメリカ人が何を言っているのかわからない」ことがあったのですが（第8回目：52〜53ページ参照），ある日，気がついたら隣で話をしている英会話が，注意しているわけではないのに自然に聞こえてきたのです。これは嬉しいカンタムジャンプでした。

● ● ●

　私が初めてコンピュータを使用したのは，1960年代に早稲田大学理工学部計算機センターのNECの装置でした。当時のプログラムは計算機言語（機械言語）と言われるもので作成され，極めて複雑で困難でした。しかし，会社勤務の時代には東芝製のコンピュータが入り，フォートランの講習を受けた時には，プログラムが飛躍的に容易になっていることにびっくりし感激しました。シカゴ大学では，計算機センターの大型のIBMの装置でした。病院内の端末を利用して大量のパンチカードを持ち運びしていましたが，いつも一抹の不安を感じていました。1970年代になると，ロスマン研究室にはDECのPDP8と呼ばれるコンピュータが設置され，研究室内で自由にコンピュータが利用できる

71

ようになります。それ以後，コンピュータの利用は爆発的に拡張され，パソコン時代に進展していきます。研究者が複雑な値を計算する時や，わかりにくい現象のシミュレーションなどでコンピュータの計算能力を利用する場合には，プログラムを正確に組む必要があります。そこで，「プログラムを組むことは，研究者にとっては論理的な考え方の訓練になる」と私は思っています。計算機言語によるプログラムを教えてくれた早稲田大学の久村富持先生は，「プログラムの組み方はたくさんあるが，プログラムを見れば頭の良さがわかる」と言っていたことが，今でも印象に残っています。

第12回

シカゴのミシガン湖とシカゴ大学

　シカゴの人口は郊外を含めて約900万人で,アメリカではニューヨーク,ロサンゼルスに次ぐ第3の都市です。シカゴはミシガン湖の西側に位置しているので,郊外は3方向に広がっています。ミシガン湖は,東西200km,南北500km,水深280mのアメリカ5大湖の1つです。ミシガン湖では,コーホーサーモンというサケや,スメルトというワカサギのような魚が獲れます。ミシガン湖の水は現在,シカゴの飲料水として利用されています。約20年前にはシカゴの郊外の村や町では,地下水を巨大なタンクに汲み上げて飲料水としていましたが,水道管工事が完成して,ミシガン湖からの安定した水の供給ができるようになったのです。大都市の近くで汚染されていない5大湖はミシガン湖だけと言われていますが,約160年前にミシガン湖に流れ込む川や下水などを,大土木工事を行ってミシガン湖から流れ出るようにしたからです。これは,先人達の素晴らしい知恵のお陰です。夏には湖岸の砂浜で泳ぐことができますが,私が家族と泳いだ時には,水温が低く短い時間しか泳げませんでした。冬には一部凍結しますが,極端に寒い冬には全面凍結することもあります。しかし,ミシガン湖の水温は1年を通して比較的変動が少ないので,湖岸に近い地域では,冬は暖かく夏は涼しくなる効果があります。ミシガン湖畔に立つ古いアパートで

はエアコンが設置されていないので，15年程前の異常な猛暑の時には，これらのアパートに住む多くの老人が熱中症で亡くなりました。

● ● ●

シカゴはいつも風が強く，"ウィンディシティ"と呼ばれています。群馬県は"上州空っ風"が有名ですが，風が強いのはシカゴと同じです。約140年前には強い風のために大火災が発生し，シカゴの街の大部分は消失しました。そのため，シカゴでは厳格な防災規制が実施されています。世界中の多くの大学病院では，廊下にキャビネットなどを置くために通路が狭くなっているのが通常ですが，シカゴ大学病院では廊下にキャビネットなどを置くことが禁じられているために，通路は幅広く見通しが良くなっています。シカゴには，100階建ての建物が3つあります。442mの高さのシアーズタワー（現・ウィリスタワー）はアメリカで一番高い建物ですが，長い間世界で一番高い建物として知られていました（図1）。シカゴの高層ビルをミシガン湖の対岸から眺めると，ビルの上の方だけが見えるそうです。これは，地球が丸いためで，ミシガン湖の水面の高さが対岸では約200m以上低くなる場所があるためです。

● ● ●

シカゴ大学は，1892年にロックフェラーが資金を出して創設された私立大学です。ロックフェラーは石油で成功し，史上最高の巨万の富を築きましたが，多くの慈善寄付と遺産分割をして，亡くなる前にはほとんど無一文になっていたそうです。生前，ロックフェラーは，「シカゴ大学は最善の投資だった」と言っていたそうです。シカゴ大学の学部の学生数は約5千人，大学院の学生数は約1万人なので大学院大学です。アメリカでは，著名な大学院大学は一般に私立大学で，学部学生をマスプロしているのは州立大学です。アメリカの大学院では，

図1　冬のヨットハーバーから眺めるシカゴ摩天楼
左端の高い建物がシアーズタワー（現・ウィリスタワー）

　他の大学から多くの学部学生が入学します。学生にとって，異なる大学での経験は重要と考えられているからです。また，大学の教員に同じ大学の卒業生を採用することに強い抵抗感があります。それは，アメリカでは，「純血主義に反対する思想が強い」からです。大学でも他の組織でも，同じ仲間だけの集団では，「馴れ合いやナアナア合議」などの望ましくない慣習が生まれることを防ぐためです。これは，日本とアメリカの大きな相違だと思います。アメリカでは個人の独立した考えや判断が尊重されます。しかし日本では，グループや派閥を形成することが社会習慣になっていますが，これは極めて残念なことだと思います。

● ● ●

　シカゴ大学には，89名のノーベル賞受賞者が関係していることを述べましたが（第9回目：60ページ参照），それ以外にも多くの著名な方々が関係しています。最近では，オバマ大統領はシカゴ大学法学部の非常勤講師でしたし，ミッシェル夫人はシカゴ大学病院副病院長で

図2　シアーズタワーから眺めるシカゴ市街，ミシガン湖とグラントパーク

した。オバマが大統領候補としての選挙戦が終盤に近づくと，ミッシェル夫人がシカゴ大学病院に勤務していることが明らかになります。そこで，私の秘書に，「ミッシェルがここで働いているらしい」と言ったのですが，「彼女はいつもわれわれのオフィスの前の廊下を歩いていますよ」との返事にびっくりしました。そういえば，テレビで見る特徴のある顔には見覚えがありました。オバマはイリノイ州の地方の政治家でしたが，2004年の民主党のジョン・ケリー大統領候補を指名する全国大会の時に，「リベラルでもない，保守でもない，白人でもない，黒人でもない，メキシコ人でもない，アジア人でもない，アメリカ合衆国のアメリカ人の大統領を選ぶのだ」と有名な基調演説をしたため一躍注目されるようになり，オバマを大統領候補にする声がイリノイ州を中心に広まっていったのです。2008年の大統領選挙で当選が決まると，ミシガン湖に近接するグラントパークで24万人の聴衆を前に，「アメリカに変革が訪れた」，そして「"Yes, we can"（そうだ，われ

図3　シカゴ大学物理学科

われは出来るのだ)」を繰り返した有名な演説をしたのです (図2)。私の研究チームのメンバーやシカゴ大学放射線科の連中は,オバマを支援するためにグラントパークの集会に多数参加していましたが,私はこの画期的な出来事を自宅のテレビで見ながら応援していました。オバマが初めて黒人としてアメリカの大統領に就任した後は,アメリカの人種問題は大きく方向転換したように思います。たぶん,「過激な黒人達は,過激な議論をする」根拠を失ったことを次第に理解したのだと思います。

● ● ●

　第二次世界大戦の間,原子爆弾開発のマンハッタンプロジェクトの基礎的研究はシカゴ大学で行われました。1942年には,ノーベル賞物理学者のエンリコ・フェルミの指導のもとに人類最初の原子炉を完成させ,ウランの人工連鎖反応の実験に成功したのです。物理学科の建物 (図3) の2階の廊下には,当時の連鎖反応を示す中性子

の数の急峻な上昇を記録したレコーダーの写真とフェルミの写真が飾ってあります。フェルミはピサ生まれのイタリア人の物理屋で，実験家と理論家の両面を持ち，数多くの業績を残した史上まれにみる物理学者だったと言われています。原子炉は戦後に解体され，当時働いていた方々は，建物に使われていたレンガを記念としてもらったと秘書だった方から聞きましたが，もっと価値のあるものがほしかったとも言っていました。

● ● ●

フェルミの弟子の1人は，イタリア人のユーゴー・ファーノです。私は茅ヶ崎の会社で蛍光体についての英語の文献を読んでいた時に，論文の中でファーノ・ファクターという因子に言及していたのに気がついていました。この因子は固体物性に関する基礎的な量でしたが，理解が困難だったことを覚えていました。ファーノはシカゴ大学の有名な物理学者でしたが，シカゴ郊外にあるアルゴンヌ国立研究所の井口道生先生の恩師だと聞いていました。井口先生は，放射線物理の基礎分野で世界的に著名な研究者ですが，シカゴ郊外の私の家の近所に住んでおり，一緒にゴルフをする仲間でした。また，その後，2人ともICRU（国際放射線単位測定委員会）の委員に選出されたために，毎年世界各地で開催される年次会議に出席し，とても親しくさせていただいていました。ある時，井口先生から，「ファーノに会いに行く」と聞きましたので，紹介していただくことにしました。そこで，シカゴ大学のファカルテイクラブで一緒に楽しく食事をしたのは，私にとって大変な感激でした（図4）。井口先生は以前，中国訪問中に北京大学物理の優秀な学生シャオトロン・パンを面接し，シカゴ大学への留学を実現させます。シャオトロンはシカゴ大学でファーノの学生となり，Ph.D. を取得します。その後，私が担当していた医学物理

図4 シカゴ大学 ハッチンソンコモンズ食堂

大学院のポストドクとして研究を始め，医用画像の理論的な分析について多くの業績を上げて，現在はシカゴ大学放射線科と医学物理の教授として，CT画像の再構成の理論的な分野で大活躍しています。

● ● ●

シカゴ大学の物理学科には，光学の分野で有名なマイケルソンが，1892年の創立時に学部長として着任しています。マイケルソンは，光のスピードを初めて測定したことで，1907年にノーベル物理学賞を受賞しています。これはアメリカにおける自然科学の分野で最初のノーベル賞でした。その当時，マイケルソンは分光学の実験をしていたそうです。特に微弱な磁場の影響を調べていたために，鉄に含まれる若干の磁性物質を排除する必要がありました。そこで，建物に鉄骨を用いることができないので，鉄骨の代わりに頑丈な木材を用いたそうです。物理学科の建物には，今でも木材の柱が入っているはずです。

第13回

初めての自分の家

　アメリカでは，若い人が自分の家を持つことができます。約10〜20％の頭金さえ用意すれば，ローンを組むことによって，誰でも家を買うことが可能になるからです。アパートに住み続けると支払う賃貸料は消え去るだけですが，ローンを払い続けるのは貯金をしているようなもので，自分の資産を作ることになります。さらに，アメリカでは家の売買が頻繁で，不動産の値段が上昇すれば資産は増加します。そこで，家を売る時のことを考えると，家のメインテナンスにお金をかけることが必要ですが，投資と考えることもできます。アメリカでは当時，平均7年ほどで家が売買されていました。家を売ると，大抵の場合，最初の頭金よりも大きな金額が残り利益が出ます。そこで，これを次の頭金にして，より高価な家を購入するのです。引っ越しの手間と手続きの煩雑さを気にしなければ，これを繰り返していれば，"雪だるまのように"大きな資産を築くことができるのです。

● ● ●

　アメリカの家の値段と日本の家の値段には，驚くほどの違いがあります。それは，新築の家の値段ではなく，中古の家の値段についてです。新築の家の値段は日本でもアメリカでも，土地の値段，家の建材や建築費などで決まります。日本では，建築後の年月が経つと，

家の値段が次第に下がり始めますが、アメリカの家の値段は一般に上がり始めます。この大きな相違を理解するのは極めて困難です。アメリカでは、新築の家よりも中古の家の方が良いと考える方が多いと思います。例えば、新築の家ではしばしば小さな不具合が起こるので、これを治すのに数年かかると考えられています。そこで、築後数年の家の方が手頃と思われています。日本の家は木造建築が多く、湿気や風雪など気候の影響で、次第に傷むと考えられているのかもしれません。そこで、中古の家の値段は下がると仮定する概念が浸透しているのだと思います。一方、アメリカやヨーロッパでは、家は石造りや煉瓦造りが一般的ですので、気候の影響を受けにくく、更に、アメリカでは家のメインテナンスにかなりの費用をかけるので、家の価値が下がらないのかもしれません。また、経済成長やインフレーションも、家の値段の上昇に加担することになります。しかし、中古の家の値段は、需要と供給の関係で決まるとも考えられます。アメリカでは、中古の家を希望する方が、日本では想像できないほど多いのかもしれません。

● ● ●

シカゴに住んで5年ほどで、私は家を買う決心をしました。家を買う時の注意点やアドバイスなど数冊の本を読んで、面白いと思ったのは、「家について気に入らないことがあれば、ほとんどの部分は改造することができるし、極端な場合には家を建て替えることもできる。しかし、場所を変えることはできない」と書いてあったことです。つまり、家を買う時に最も重要なのは、その場所だということになります。その当時、土地の値段は売家の値段の約10％と言われていました。日本の土地の値段の高さを考えると、信じられないことでした。早稲田大学の中村堅一先生はいつも、「地球の土地の広さは一定だ」と言っ

ていたことを思い出します。そこで，十数件の売り家を見た後，袋小路の奥で小さな公園の隣の小さな家を約6万ドルで買ったのです。しかし，土地は1エーカー（約1200坪）の広さでした。この家は良い選択だったと思っています。約20年後には，この場所がとても気に入っていましたので，古くなった家を建て替えることにしました。土地の値段は徐々に上昇し，最近の家の値段に含む土地の値段の割合は約50％になりました。約35年の間に，土地の値段が約100倍にもなったのは驚異的なことだと思います。

● ● ●

シカゴ大学の医学物理におけるカート・ロスマンの最初の学生はデイブ・グッデナフ（第11回目：68ページ参照）でしたが，2番目の学生はフィル・バンチです。フィルはPh.D.を取得した後，コダック研究所に就職し，マーリー・クレア（第6回目：37～42ページ参照）の部下として活躍することになります。特にフィルは，非対称の「インサイト・システム」と呼ばれる増感紙フィルム系を開発したことで広く知られています。医学物理の3番目の学生は，カール・バイボニーですが，彼はメッツの最初の学生として，3年間でPh.D.を取得します。これは，シカゴ大学医学物理のPh.D.取得の最短記録です。カールは，増感紙フィルム系のエネルギー応答を測定したのですが，大学病院では昼間の電源が安定しないことから，毎朝6時から測定を始めたのです。私にとっては信じられないほどのエネルギーを持っていました。カールはその後，10編ほどの論文を出版し，さらに，シカゴ大学の医学部に入学してM.D.を取得します。アメリカでは，カールのように，M.D.とPh.D.の2つの分野での特別な能力を持つ人達の養成を大切にしています。このような医師は開業医ではなく，医学の進歩に大きく貢献できる科学者と考えられています。シカゴ大学の医

学部では，毎年100人の入学生中の数名は，NIHグラントによるM.D.-Ph.D.プログラムの支援を受け，特別の教育が行われます。カールは放射線科医のトレーニングを終了した後，胸部と乳房を専門として，私の研究チームに参加してくれました。

● ● ●

　カールは頭脳明晰で，いつも優れた客観的な判断をしていましたが，同時にとても親切で思いやりのある人でした。私はカールが大きな声を上げたことも，怒ったことも見たことがありません。実際，シカゴ大学の40年間には，大学教員が誰かを罵倒したり，悪口雑言を吐く場面を一度も見たことがありませんでした。意見の対立があっても，いつも感情をコントロールして冷静な対応をすることを見聞していました。これは，残念ながら日本とは大きく異なっていると感じています。日本では，「意見の相違が，永遠の敵になってしまう」ことがあるのは，きわめて残念なことです。「日本人は，意見の相違をうまく扱うことができない」のかもしれません。しかし，日本人が本当に世界に飛躍していくためには，「意見の相違は個人的な感情とは異なる」ことを理解する必要があると思います。カールの大きな貢献は，「胸部X線写真の画質」に関するICRUレポートを完成させたことです。このレポートは日本放射線技術学会によって日本語に翻訳されています。このレポートによって，胸部X線写真の重要性は画質と密接に関係していることを示したのです。カールはさらに，われわれの研究チームの一員として，コンピュータ支援診断システムの開発と実用化に大きな貢献をしてくれました。しかし，残念なことにカールは，2004年に53歳の若さで肺がんのため急逝したのです。

●　●　●

　シカゴ大学での医学物理の私の最初の学生は，ヘアンピン・チャンでした。ヘアンピンは香港大学物理学科を一番の成績で卒業し，シカゴ大学に留学したのです。ヘアンピンが頭脳明晰なのは明らかでした。そこで，学位論文のテーマとして，モンテカルロ・シミュレーションを選んだのです。放射線写真における散乱線は画質に影響する重要な因子ですが，これを理論的に分析することはきわめて困難です。そこで，散乱線についての研究には，モンテカルロ技術を応用することが必要だと，日本にいた時から考えていました。しかし，これを自分1人で研究テーマにするのは困難だと思っていました。そこで，このテーマはヘアンピンにとって適切だと考え提案し，彼女は同意したのです。別の見方をすると，私はヘアンピンのような才能に出会うのを待っていたのです。その後，彼女はPh.D.を取得し，多数の論文を出版します。この研究で重要なのは，散乱線除去のグリッドの特性を世界で最初にモンテカルロ法によって評価したことです。その頃，三田屋製作所の飯田ノブヤス元社長と飯田　昇前社長に出会いました。三田屋は世界で最も先端的なグリッド会社で，当時，高密度グリッドを開発していましたが，その優れた特性はモンテカルロの計算結果の予測と一致したのです。これは嬉しい研究結果でした。ヘアンピンはその後，シカゴ大学の研究員となり，コンピュータ支援診断の研究開発に大きな貢献をしましたが，現在はミシガン大学の教授として大活躍しています。

●　●　●

　私の家の庭には，当時十数本の木がありましたが，大部分は芝生で覆われていました。そこでまず，日当たりの良い場所に菜園作りを始めます。芝生を取り除き，粘土質の土に，砂，ピートモス，パーラ

第13回 初めての自分の家

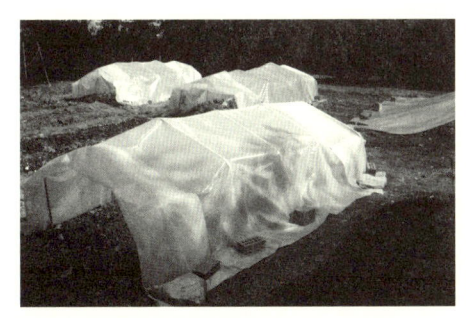

図1 シカゴの家庭菜園のビニールハウス

図2 家庭菜園で収穫したキャベツ, トマト, キュウリ, ズッキーニ, 枝豆, インゲン豆, アスパラガスなどの野菜

イトをミックスして土作りから始め，現在では，約30坪の畑になっています。毎年，色々な野菜を植えていますが，多い時には20種類もの野菜を栽培しました。シカゴは冬が厳しいので，多くの野菜は，冬の間に地下室でポットに種蒔きし，苗を育てることから始めます。ソラマメは冷たい環境が必要なので，苗が小さい時にポットを温度の低いガレージに移動し，3月頃には菜園の中に小さなビニールハウス(図1)を作って苗を移植します。すると，5月頃には，おいしいソラマメを楽しむことができるのです。夏の間は大量の野菜(図2)が収穫できるので，大学のスタッフや学生達にもおすそ分けしますが，皆さんとても喜んでくれるので，私にとっても楽しみでした。一方，リンゴ，

桃，梨，葡萄，栗，胡桃，ブルーベリーの木などを植えて果物の収穫を期待したのですが，リスなどの小動物や鳥などにほとんど食べられてしまうので，人間が楽しむのはほんの一部だけでした。さらに，広い庭の芝生を取り除き，少しずつ花壇に変えて，多くの四季の花を楽しむことができるようになりました。一方，桜，白樺，松，杉，銀杏，楓，藤などの多数の樹木を植えました。週末には数時間の庭仕事をするのですが，「研究のことを考えずに」汗を流して激しい労働するのは，気分転換には最高だったと思っています。

● ● ●

　アメリカに移ってからは夏休みなどの休暇には，できるだけ多くの州を家族と自動車で訪問したいと思っていました。最初の夏は，ワシントン，ニューヨーク，ボストンなどの東海岸を訪問し，次はウィスコンシン，ミネソタなどの中西北部，そして3年目には，シカゴからカリフォルニアまでの往復約7千kmの3週間の大旅行を試みました。これは当時，現代の冒険だと思っていました。毎日700kmほどの距離を走ってできるだけ安いモーテルを探し，近くの面白そうな場所を訪問しながら，徐々にロサンゼルスに近づきます。途中，山岳地帯を通り過ぎる時，雪が降り始めて視界が悪くなり，突然前方にトラックの陰影を見てブレーキを踏み，急遽ハンドルを右に切った途端に自動車がスピンする経験をしました。車は路肩の部分に反対向きに止まったのですが，左側は危機一髪の断崖絶壁だったのには本当に驚きました。

第14回

カート・ロスマン教授の死と必死の研究費獲得

　1975年の夏，ロスマンは強い頭痛のため入院し，当時のEMI社のCTによる頭部の画像検査の結果，脳腫瘍であることがわかります。手術の後，放射線治療を始めましたが，予後はよくありませんでした。しかし，ロスマンは絶えず前向きな態度で，快復を確信しているようでしたが，残念ながら1年後に50歳という短い生涯を閉じたのです。この最後の1年間，ロスマンと私は，病室やオフィスなどで多くの会話を重ねました。ロスマンは絶えず，「もっと強くならなければ」と，自分自身に言い聞かせているようでした。ロスマンは，発病後に考えると，「不思議な自覚症状のようなことがあった」と話してくれました。それは，子供の頃の出来事を頻繁に夢に見ていたことや，水道で手を洗う時に，ピリピリと手先に不自然な感覚があったとのことでした。さらに，ロスマンの発病1週間ほど前に，私はロスマンと仕事の話をしたのですが，「いつものロスマンと違う。一体どうしたのか？　何かが変だ」と家内に話していました。ロスマンはヨーロッパの優雅さを持った紳士で，さらに極めて論理性が強い人でした。脳腫瘍は，知的活動を含めて，色々なことに影響を与えるのかもしれません。

● ● ●

　ロスマンは，当時アメリカを代表する医学物理分野の研究者の

1人でした。1972～76年まで，ロスマンは5つの研究プロジェクトを含むセンターグラントをNIHから受領していました。研究費は約5百万ドルでした。しかし，予期せぬ死去のため，シカゴ大学ではロスマンの代わりに，バブ・ベックという核医学の研究者を責任者として，新しいセンターグラントを申請したのです。しかし，訪問調査の結果の報告書では，「ロスマンの持っていた見識とビジョンが失われた」と鋭く批判され，この申請は大失敗に終わります。もし，ロスマンが生存していたならば，この研究グラントは継続していたと予想されます。この経験から私は，"リーダーシップの重要性"を痛いほど知らされることになります。突然，研究費がなくなることは，アメリカでは研究を継続することができなくなることを意味します。研究員や自分の給料を確保することが必要になります。

● ● ●

このような状況で，研究員やテクニシャン達は，それぞれ自分の仕事を探し始めました。私は，予約もなしにワシントンのNIHに出かけ，プログラム責任者達に面会して，研究グラントを獲得するためのアドバイスをお願いしたのです。今考えると，唐突で無礼だったとも思われる私の行動に対して，NIHの方々はとても親切で，色々なことを教えてくれ，グラントを取るための知恵を授けてくれました。たぶん，私が研究費獲得に必死だったことが通じたのかもしれません。一方，FDA/CDRH（第11回目：68～71ページ参照）には，懇願して研究を継続するためのコントラクトを得る準備を始めます。さらに，早急に資金を得るために，シーメンス，フィリップス，富士写真フイルムなどの企業の社長に手紙を書き，研究を継続するための寄付をお願いしたのです。ありがたいことに，お願いした方々からは，多額の支援を受けることができました。研究費獲得のために私が東奔西走してい

第14回 カート・ロスマン教授の死と必死の研究費獲得

た時に，研究室の連中は，「ドクター・ドイも仕事探しに飛び回っているのだろうか」と噂をしていたそうです。その頃，コダックのマーリー・クレアから，「ロスマンの急死で困っているだろうが，コダックへ来ないか」との電話（第6回目：41〜42ページ参照）を受け取ったのです。シカゴ大学の放射線治療のメル・グリーム教授はNIHのグラント審査員でしたが，私の窮状を知って，「研究費を獲得できるグラント申請書の書き方」をとても親切に，特別にコーチしてくれました。このような努力の結果，1980年には初めてのNIHグラントを獲得することができました。それ以降，30年にもわたって，NIHから色々なグラントを受け取ることができたのは，極めて幸運だったと思っています。

●　●　●

その当時の私の研究テーマには，臨床画像と直接関係する問題を探していました。その理由は，ロスマンが，「画質に関する研究の中心課題は，物理的な画質と臨床的な画質との関係を調べることだ」と結論（第10回目：64ページ参照）していたためです。当時，ハリー・ジェナント（後に，UCSF教授）は，放射線科のレジデントの修行を終え，骨専門の放射線科医として仕事を始めたばかりでした。ハリーは，初期のリューマチや関節炎，副甲状腺機能の異常と関係する病気による，微細な手骨の陰影を検出することに興味を持っていました。そこで，私と一緒に，新しい高解像力技術を開発することにしたのです。ハリーは自分の臨床の仕事が終わると，毎日夕方5時頃に私の部屋に来て，多数の骨写真を見せながら，放射線科医がどのようにして病巣を見つけるのかを教えてくれました。これは，私にとって初めての，読影の基礎の勉強でした。一方，私はハリーに，画質とはどのようなものかを示し，解像力やノイズの分析の基礎概念を教えたのです。2人のお互いの分野の基礎勉強は数ヶ月続きましたが，とても

楽しかったのを覚えています。この結果，高解像力のフィルムを用いる光学的拡大撮影技術と，微小焦点X線管を用いる放射線拡大撮影技術を骨撮影に応用したのです。その研究結果から，

図1　RSNA展示会場でのHarry Genant (右)と筆者(左)の再会
中央は放射線科医のPhil Caligiuri(シカゴ大学共同研究者)(1992年頃撮影)

多数の共著論文を出版することができました。ハリーとは，とても親しい友人になりますが，その後UCSFに移籍し，CT，MR，超音波技術などを用いて，骨粗鬆症の研究に関する世界的な権威者になります(図1)。ハリーが，このように色々な画像を利用して骨画像の定量化や計測を行い，多才な業績を残したのは，たぶん若い時にシカゴで私から学んだ画質の基礎が役に立ったのではないかと想像し，勝手に自己満足しています。

●　●　●

　拡大撮影技術を分析していた時に，面白いことに気がつきました。通常，拡大率が2倍ならば，画像の大きさは2倍になります。しかし，画像に含まれる被写体の縦方向の画像の寸法は約4倍になるのです。つまり，立体被写体を2倍拡大のステレオ画像によって観察すると，縦方向は4倍に引き伸ばされるのです。そこで，2倍拡大ステレオ画像を観察するには，X線管焦点の位置の移動距離は，通常の4分の1でよいことになります。通常のステレオ技術では10cmの移動距離でしたので，この技術を用いれば2.5cmの移動距離でよいことになります。短い移動距離ならば，1つのX線管の中に2つの焦点を取り入れることが可能になります。そこで，この技術を用いれば，ステレオ拡

大頭部血管造影撮影が実現できそうに思えました。この技術は特許になりそうでしたので，シカゴ大学の規則を調べましたが，当時，シカゴ大学の教員は特許を所有することが禁じられていました。そこで，誰かが特許をとることを防ぐための書類を用意しました。これによって，誰でも自由にこの技術を利用することができると考えたのです。この技術を実用化するには，X線装置メーカーに依頼することが必要でした。そこで，ドイツのエルランゲンのシーメンス本社を訪ね，装置の試作をお願いしたのです。シーメンスは早急に対応してくれ，X線管を機械的に回転させることによって短い移動距離を実現しました。シカゴでは，試作装置を用いて動物実験に成功し，臨床実用が始まったのです。シーメンスはその後，多くの装置を販売したと聞いています。この研究は，頭部血管造影担当放射線科医のジーン・デユーダとの共同作業でした。その後，東芝にコンタクトし，新しいX線管の必要性をお願いし，その結果，2つの焦点を持つ新しいX線管が開発されたのです。

● ● ●

次の臨床画像は，乳房画像のマモグラフィです。当時は，増感紙を用いず，フィルムに直接撮影する技術が一般的でした。しかし，片面の増感紙フィルム系がデュポン社によって開発され，その実用化が検討されていました。このプロジェクトは，研究員のアート・ハウスや放射線科医達との共同作業によって，X線管から乳房までの距離を長くするロングコーン技術を用いることによって，X線管焦点による幾何学的ボケを減少することで実用化されました。このようにして，臨床画像についての私の経験は徐々に増加していきます。

● ● ●

1977年には新しい研究室が完成しました。この施設はカート・ロ

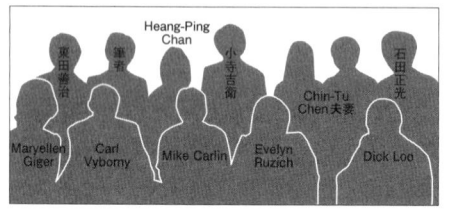

図2 カートロスマン放射線像研究所の創設期のスタッフと紅花レストランでの昼食会（1982年頃撮影）
前列左から，Maryellen Giger, Carl Vyborny, Mike Carlin, Evelyn Ruzich, Dick Loo。後列左から，東田善治，筆者，Heang-Ping Chan, 小寺吉衞，Chin-Tu Chen夫妻，石田正光。
（敬称略）

スマン放射線像研究所と呼ばれ，私が所長となり，シカゴ大学教授に昇進したのです。この昇進は，私にとってとても嬉しかったのですが，誰も祝ってくれなかったのにはがっかりしました。しかし，考え直して，数人の親しい友人をチャイナタウンの夕食に招待して自分でお祝いしたのです。私の研究チーム（図2）は，最初，ヘアンピン・チャン，ディック・ルー，マリーエレン・ガイガーなどの学生と，テクニシャンのマイク・カーリン，学生アルバイトのチンツー・チェンなどでスタートしたのですが，日本からの研究者を徐々に受け入れることができるようになり，富士写真フイルムの石田正光さん，小寺吉衞先生（現・名古屋大学教授），東田善治先生（前・九州大学教授）などが，シカゴ大学の研究員として大活躍してくださることになります。

第15回

アナログ時代の終焉とデジタル画像の始まり

　レントゲン写真と呼ばれた放射線画像は，1895年のレントゲンによるX線の発見から約80年以上にわたって，アナログの医用画像として広く使われてきました。しかし，核医学画像やCT画像，DSA画像などから次第に，デジタル画像に変化していきます。1981年には，富士写真フイルム（株）によるコンピューテッド・ラジオグラフィ（FCR）の開発により，次第にデジタル化が進行します。しかし，当時のデジタル画像の画質はアナログ画像の画質よりも劣っていたために，デジタル画像への切り替えは容易ではありませんでした。特に，放射線科医は，デジタル画像が診断結果に影響する可能性があったために，極めて慎重でした。放射線医学の分野では，アナログ画像からデジタル画像に切り替わるのは，たぶん，20年以上かかったと思います。このように長い年月が必要だった理由は，医学の分野では，人の生命にかかわることに対して，極めて保守的で慎重だからだと思います。

● ● ●

　1977年にスタートしたカート・ロスマン放射線像研究所（第14回目：91～92ページ参照）では，ちょうど，アナログからデジタルへの移行時期でした。そこで，ロスマンラボの研究テーマは，従来のアナログ画像と比較して，デジタル画像の性質を理解することに集中してい

図1　ドラムスキャナーと磁気テープのラック（1980年頃撮影）
学生時代のMaryellen Giger（左側）と筆者

ました。さらに，デジタル画像に対して利用できる画像処理技術の効果を理解することにも注目していました。そのために，多数のアナログ写真をドラムスキャナーと呼ばれる高価なデジタイザーを用いてデジタル化し，デジタル画像データを収集し始めたのです。当時の画像データの保管には，磁気テープが用いられていました。1枚の胸部X線写真のデジタル画像データは，大体1本の磁気テープに収録されるため，あっという間に大量の磁気テープがたまり，これを保管する場所に困っていました（図1）。そのうちに，低価格で大容量の光磁気ディスクなどが利用できるようになり，デジタルデータの保管の問題は次第に解決されます。

●　　●　　●

デジタル画像の性質を理解するための研究には，物理的な性質を評価する研究と，臨床画像への効果を評価する研究の2つの異なった面があります。物理的な評価の研究には，医学物理の優秀な学生だったマリーエレン・ガイガーに担当してもらいました。マリーエレンは，大学院生の間に，高校時代の同級生だったチャック・ガイガーと結

第15回　アナログ時代の終焉とデジタル画像の始まり

婚し，その後，4人の子供の母親になります。しかし，マリーエレンは仕事と家庭の両立を極めて見事に成功させます。家庭では，夜9時までは家族との時間で，それ以後は自分の仕事の時間にあてていたのです。アメリカでは，多くの女性が生涯仕事を続けますが，マリーエレンは，その中でも傑出した生き方をしている1人だと思います。デジタル画像の物理的な評価については，マリーエレンの精力的な努力で，ピクセル寸法や量子化レベルの数など，画質に対する効果が次第に明らかになりました。さらに，デジタル画像の解像力やノイズの性質などの評価法を開発して，Ph.D.の学位論文を完成させます。その後，マリーエレンはロスマンラボに残り，CADの研究に大きく貢献してシカゴ大学教授になり，世界的に大活躍しています。

● ● ●

デジタル画像の臨床的な評価については，胸部単純X線写真に対する効果を集中的に研究しました。そのために，胸部画像専門のヒーバー・マクマンとの大掛かりな共同作業を行いました。ヒーバーは，胸部画像の放射線診断に極めて優れているだけでなく，サイエンスをよく理解している論理性の強い放射線科医です。ヒーバーはアイルランドで医学教育を受け，放射線科医のトレーニングをアメリカ・セントルイスのワシントン大学で終了した後，若い放射線科医としてシカゴ大学に着任したのです。しかし，ロスマンラボで研究を行うまでは，研究を行った経験はありませんでした。ヒーバーが研究者としての優れた素質を持っていることは，すぐに明らかになりました。デジタル画像についてのヒーバーとの臨床的な評価についての研究では，ピクセル寸法などのパラメータを色々と変化させ，胸部X線画像におけるノジュール，気胸や間質性陰影など，多くの異なった病巣の検出や鑑別診断への効果を調べたのです。そのためには，大規模な観察者

実験を行う必要がありました。さらに，胸部X線写真における画像処理の効果についても，多くの病巣について観察者実験からROC曲線を求めたのです。これらの研究には，メッツ（第9回目：55～60ページ参照）のROC曲線に関する高度の知識が極めて重要でしたので，数人の研究者達による共同研究が必要でした。その結果，多数の論文を出版することができ，デジタル画像についての理解が急速に増加したのです。ヒーバーはデジタル画像についての研究の後，CADの開発研究にも参加し，シカゴ大学教授になり，世界的に著名な胸部放射線科医になったのです。

● ● ●

その頃，週刊誌の"タイム"で日本に関する記事を読んだのですが，ロッキード汚職事件と関係していました。その記事は，日本の政治家と金の関係が詳しく分析してあったのです。日本の政治家は，なぜ金が必要なのか？ という疑問に対して，「日本の有権者達が悪い」と明確に決め付けていました。日本では，冠婚葬祭や子息の入学祝い，卒業祝いなどの色々な名目で，多くの有権者達は政治家からの金一封を期待している。政治家にとっては，金一封を出さなければ投票してくれないので，これを止めることができない。そこで，政治家は大金が必要になるので，「この悪循環を断ち切れ」と述べているのです。私は，この記事の鋭い分析に驚いたのですが，たぶん，そのとおりだと思いました。以前，"タイム"は素晴らしい週刊誌（第8回目：53ページ参照）だと書きましたが，この記事はタイムの教養レベルの高さを示していると思います。この記事を読んでから半年ほどして，日本を訪問している時に，東京の中央線の電車の中吊り広告に日本政府の総務省から，「政治家に金一封を期待しないで下さい」と大きく書かれた簡単なビラとその説明を見てびっくりしました。おそらく，"タイ

ム"の記事を読んだ多くの日本人は、大きなショックを受けたと想像されます。自分の国の大きな問題を、外国の記者に正確に指摘されたのです。しかし、その後、日本政府の適切な対応と有権者達の理解によって、この問題は徐々に解決したと思います。

●　●　●

　デジタル画像についての研究が始まった頃、一方では、アナログ画像を用いる重要な研究も進展していました。ディック・ルーは、医学物理の私の2番目の学生でした。ディックの研究テーマは、放射線画像における簡単な被写体の検出を予測するのに有益な信頼性の高いモデルを決定することでした。そのためには、多数の条件でビーズの画像を作成し、多くの観察者によって検出特性を測定します。一方、多数のモデルを仮定して、それぞれのモデルから予測できる検出特性を計算し、実際の実験結果が予測結果に最も一致するモデルを見つけるのです。その結果、人間の視覚特性を考慮した統計的決定理論モデルというモデルが一番信頼性の高いことを見つけたのです。この研究は膨大で複雑な実験を必要としていましたが、ディックは精力的に働き、見事にPh.D.を獲得したのです。このモデルは、その後、多くの研究者によって引用されました。このモデルはさらに、デジタル画像における像処理の効果を理論的に研究するのにも用いられました。富士写真フイルムから派遣されていた石田正光さんは、デジタル画像において簡単なコントラスト強調を行うと、ビーズなどの被写体の検出特性が改善されることを研究していましたが、なぜ改善されるのかを説明することはできませんでした。そこで、このモデルを用いて、さらに、人間の視覚頭脳系統の内部ノイズの存在を仮定することによって、説明することができたのです。

図2 RSNA懇親会でのロスマンラボのスタッフ（1985年頃撮影）
左から，小原　健，片淵哲朗，筆者，久米祐一郎，1人おいて藤田広志。
前列は，Ken Hoffmann。　　　　　　　　　　　　　　　　　　　　　（敬称略）

● ● ●

　当時，実用的なデジタル画像として臨床に使われていたのは，イメージインテンシファイア（I.I.）とテレビカメラを用いるDSA（digital subtraction angiography）でした。藤田広志先生（現・岐阜大学教授）は，若い元気な研究者として，ロスマンラボにおいてDSAについての多くの研究を始めています。最初は，DSAの特性の評価のためのファントームを作製し，さらに物理的な特性を評価する手法を開発しました。その後，最初のCADとなる技術を開発したのです。その技術は血管径や狭窄率を正確に求める手法で，画像撮影系の解像特性によるボケの効果を取り除く新しい方法でした。藤田先生は，帰国後，大きな研究チームを作り上げ，現在世界的に大活躍している著名な研究者です。その当時，ロスマンラボには，小原　健先生（前・藤田保健衛生大学教授），久米祐一郎先生（現・東京工芸大学教授）や片淵哲朗先生（現・岐阜医療科学大学教授）などが参加し**（図2）**，DSA画像における検出特性の定量的な評価や，多重スリットを用いる新しい撮像系の開発などを研究していました。

第16回
NIHグラントの熾烈な獲得競争

　アメリカでは，医学関係の研究者にとってNIH (National Institute of Health：国立衛生研究所) のグラントをとって研究することが絶対必要条件と考えられています。NIHはアメリカの国防予算に次ぐ大規模な予算を持っています。研究グラントには研究者達の人件費を含むことができるため，規模は大きくなります。例えば，年間10万ドル（約1000万円）のグラントは比較的小さなものですが，年間50万ドル（約5000万円）のグラントは珍しくありません。通常，3年以上継続のグラントでは，億単位のグラントが獲得できます。NIHの研究費は，多数の研究者達に均等に配分するのではなく，「優れた研究計画を持っている少数の研究者達だけに配分する」という考えが強く貫かれています。これは，優れた研究者を育てるためのアメリカの基本的な思想です。日本では，多くの研究者達に少額の研究費が配分されますので，日本の科学研究費の配分の思想とは異なっています。

●　●　●

　NIHの研究費の配分やグラント申請，審査には，透明性の高い方法がとられています。申請書の書き方については，多くの学会や大学で頻繁に講習会が開かれています。申請書に必要な項目は多数あり

ますが，重要な部分は10ページ程の研究計画です。この心臓部分をどのように書くのか，何を書くのかなどについては，かなり詳しいNIHのガイドラインが出版されています。提出された申請書は，それぞれの専門別のスタディセクションと呼ばれる審査委員会に配分されます。スタディセクションは，約30名の専門分野の研究者から構成されており，約半分は3年任期の常任委員，残りの半分は毎回変わる臨時委員からなっています。NIHグラントを初めて獲得した新人の研究者は，通常，臨時委員として招かれます。そこで，「新人研究者は，どのようにグラント申請が審査されるかを学ぶことができ，将来再びグラントを取るチャンスが増加する」と期待されます。これは，思慮深く工夫された，「研究者を育てる」良い方法だと思います。スタディセクション委員の年齢分布は40代が一番多く，30代と50代はほぼ同じぐらいで，60代は極めて少ないと思います。そのため，NIHのグラント申請の評価は，年配の著名な権威者ではなく，現役で活躍中の研究者が中心になっています。たぶん，NIHグラントの受領者の年齢分布も，スタディセクション委員の年齢分布に似ていると思います。アメリカの研究者層はかなり若く，その方々がグラントの配分や研究分野の方向の決定に大きな影響を与えています。この状況は，日本とは大きく異なっていると思われます。

● ● ●

NIHには多数の異なったグラントを申請できますが，自分のアイデアに基づくRO1と呼ばれる研究グラントが代表的です。スタディセクションの会議は年3回開催され，毎回約100件の申請書を審査します。各申請書は数人の委員に割り当てられ，利点と欠点の両方の立場から厳しく批判・評価されます。評価の結果は会議の当日に報告され，さらに委員の間で議論されます。その結果，まずグラントが

承認か不承認かを決定し，承認の場合にはスコアを付けます。スコアは1.00から5.00までで，1.00が最高点です。スコアは，全員の無記名投票の平均値で決定されます。ただし，両極端のスコアは排除されます。多くのスタディセクション間の評価を公平にするため，最終スコアは，スタディセクション全体を考慮して正規化されます。最終的にグラントが取れるかどうかは，このスコアがどのくらい低いかによって決定されます。そのため研究者は，自分のスコアに一喜一憂することになります。

● ● ●

スタディセクションの審査結果は，スコアも含めて各委員のコメントや批判の詳細が通常数ページになりますが，後日各研究者に通知されます。このレポートには，審査に関係したすべての委員のリストも含まれています。そこで研究者は，誰が自分の申請書を批判したのかを大体推定することができます。そのために，個人的な恨みや仕返しなどを考えることは禁物です。審査結果を冷静に受け入れることができなければ，研究者は客観的な対応をすることができなくなります。一方，反対の立場で審査をした研究者の申請書を，逆に自分が審査する状況も起こります。そこで，お互いに冷静に判断することが必要になります。若い研究者にとっては，このような仕組みを理解するのは困難かもしれませんが，アメリカでは絶えず，冷静で客観的な対応が要求されます。

● ● ●

グラントが取れる確率は大体10％です。つまり，10人の研究者の申請に対してグラントがもらえるのはたった1人です。そこで，多くの研究者は，審査結果の批判に対して反発するか，あるいは大幅な修正を加えて，申請書を再提出することができます。再提出すること

でグラントを取れるチャンスは増えますが，再提出は3回までに限られています。なお，日本における科研費申請と異なり，NIHのグラント申請数には制限がありませんので，油の乗り切った研究者は多数のグラントを持つことができます。私の経験では，同時に5つのグラントを取得したことがあります。重要な研究テーマについて優れた結果を出し続けるチームは，多くのグラントを獲得し，大きな研究チームに成長することが可能です。

●　●　●

　NIHは，ワシントン郊外のベセズダという町に広大なキャンパスを持っています。この中の約30の施設では，2万人程のスタッフが働いています。スタッフの約3分の1は，医師や科学者です。私にとっては，NIHがどのような思想で機能しているのかを理解するのに少し時間がかかりました。NIHが目指しているのは，サイエンスへの貢献です。研究結果については，うまくいかない場合の負の結果にも興味を持っています。なぜ失敗したかを理解することができれば，次には成功する可能性が出てくるからです。そこで，グラント申請書の準備に当たっては，「サイエンスを進歩させることを念頭に置く」ことが必要です。カートロスマンの死後（第14回目：87〜92ページ参照），私が初めてNIHのキャンパスを訪ねた時，本部の建物の廊下に多数の研究者の写真が飾ってあるのに気がつきました。これを眺めていたら，この研究者達はNIHから研究費をもらって研究を行ったノーベル賞受賞者だとわかり，その数の多さにびっくりしました。100人以上でしたが，著名な研究者や私の知らない方も多数いました。その当時，日本人はいませんでしたが，ヨーロッパからは多数の受賞者が含まれていました。実際，NIHのグラントは，世界中のどの国からでも申請できるのです。サイエンスに国境のないことは明らかでした。

図1 スウェーデンのストックホルムにおけるレントゲンによるX線発見100年記念式典講演会の晩餐会に出席したElias Zerhouni夫妻(右)と筆者夫妻(左)

レントゲンによるX線の発見から100年目の1995年に,スウェーデンのストックホルムで北欧放射線関連学会による記念式典講演会が開かれました。この講演会には,アメリカから2人の研究者が招かれていました。ジョンズホプキンス大学のエリアス・ゼフーニーと私でした(図1)。エリアスは,アルジェリア出身の放射線科医で,心臓のMRIなどで著名な研究者でしたが,当時評判が高く,優れた指導者になると目されていました。その後,エリアスは,ジョンズホプキンス大学放射線科のチェアマンになり,さらに学部長になります。ちょうどその頃,2001年9月11日のアメリカ同時多発テロ事件が勃発したのです。当時,NIHのディレクターは,がんについての基礎的な研究でノーベル賞を受賞したハロルド・バルムスが1999年に退任後,空席になっていました。そこでブッシュ大統領は,2002年にエリアスを次期NIHディレクターに選んだのです。このニュースは,放射線医学関係者には,大変な驚きと喜びを持って受け止められました。エリアスは,NIHで多くの新しい企画を作成し改革を行った後,2008年に退任しました。NIHは,研究グラントを与えるだけでなく,「倫理的に適切な研究を行うこと」にも指導的な役割を果たしています。倫理審査のやり方は,それぞれの大学や施設に任されていますが,もし違反が発覚すると,直ちにその大学へのすべてのNIHグラントが凍結されます。実際,ア

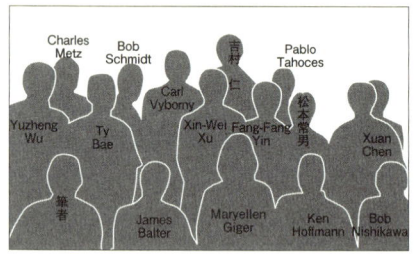

図2 ロスマンラボのスタッフ（1990年頃撮影）
前列左から，筆者，James Balter, Maryellen Giger, Ken Hoffmann, Bob Nishikawa。中列左から，Yuzheng Wu, Ty Bae, Xin-Wei Xu, Fang-Fang Yin, 松本常男，Xuan Chen。後列左から，Charles Metz, Bob Schmidt, Carl Vyborny, 吉村　仁，Pablo Tahoces。　　　　　（敬称略）

メリカで超一流の大学でも，たまにグラントの凍結が報告されています。そこで各大学は，しっかりと倫理委員会を運営することが必要です。さらに，アメリカにおける医学系の学会誌はその後，すべての投稿原稿に対して倫理委員会の承認を要求しています。そこで，アメリカの学会誌に投稿したい世界中の研究者は，「NIHが要求しているのと同等の倫理委員会を各国に作る」必要があったのです。驚いたことに，これはあっという間に実現したようです。

第17回

ヨーロッパとアメリカはすごく近い

　私がアメリカからヨーロッパに初めて旅行したのは，1974年でした。当時は，多くの日本人にとって，ヨーロッパは憧れだったと思います。イギリス，スウェーデン，オランダ，ドイツ，フランスを急ぎ足で回りました。ロスマンと相談して，各地でロスマンの知り合いに逢い，とても親切にしていただいたのを記憶しています。パリでコダックのジャン・ティボー（第2回目：14ページ参照）に出会ったのは，この旅行の時でした。ロスマンからは，「ヨーロッパに行けば自分の英語が上手くなったように感じるはずだ」と教えられていましたが，その通りでした。当時，イギリス以外の国では，英語を話す人の数は限られていました。特に，ドイツ人とフランス人の英語のレベルはかなり低かったのです。しかし，スウェーデンとオランダは小国のため，英語を使わなければならないので，当時から上手な英語を話していました。特に，サイエンスの分野では，自国の言語による本を出版するのはあまりに高価になるため，英語の本を読まなければならなかったのです。

● ● ●

　しかし最近では，ヨーロッパ人の英語のレベルは驚くほど上達しています。シーメンスに働くドイツ人は，以前は強いアクセントで重たい感じの英語を話していましたが，最近の若い研究者は，国際会議

などでアメリカ人と同等のレベルの英語を話しているように思います。フランスでは，以前英語で質問するとフランス語で返事が返ってきたことがありましたが，最近では，フランス人，スペイン人，イタリア人もとても英語が上手になっています。おそらくその理由は，テレビで各国語によるプログラムがあり，子供の頃から英語や他の外国語にも慣れていることや，ヨーロッパ内の旅行は容易だということなどが関係していると思います。その後，何度もヨーロッパを訪問することになりましたが，「ヨーロッパとアメリカはすごく近い」と感じています。その理由は，ヨーロッパ往復の飛行機に乗っている時間が短いだけでなく，知的活動やカルチャーの近さを感じるのです。さらに，もともと同じ人種だということもあり，率直な意見交換が行われています。一方，「日本とアメリカは遠くはなれている」と感じます。

● ● ●

二度目のヨーロッパ旅行は，スイスの学会での研究発表が主たる目的でした。学会の後，オーストリアとスウェーデンを訪問して，共同研究の可能性を見つけました。ルンド大学のグニラ・ホルエ（第11回目：69ページ参照）はその結果，シカゴ大学に滞在し，FDAと関係する画質評価の研究をすることになったのです。ヨーロッパからは，その後，多くの研究者がシカゴ大学に滞在しましたが，本国に帰国した後も，共同研究を継続しています。オーストリア・ウィーンのハーウィッグ・イムホフ（ウィーン大学教授）は，拡大撮影によって解像特性が改善されるだけではなく，ノイズの効果も減少できることを証明しました。ドイツのマーティン・フィービック（ギーセン大学教授）やベルリンのウルリック・ビック（前・シカゴ大学教授）は，長年にわたって一緒に仕事をしています。スペインからは，サンチャゴ・デ・コンポステーラのパブロ・タホーセーズ（サンチャゴ大学教授）

やマラガのパコ・バルベルデ（マラガ大学教授）などがシカゴ大学の研究員として滞在し，その後も度々交流しています。フランスのパリからは，ローレンス・モニエー・チョリーが放射線科医として，胸部写真のCADについての研究に参加してくれました。オランダのユトレヒト大学からは，ブラム・フォン・ギネケン（現・ナイメーゲン・ラドバウンド大学教授）がシカゴに短期滞在し，胸部単純写真の間質性陰影についての共同研究を行いました。

● ● ●

ヨーロッパでは，多くの国際会議が開かれていますが，私の関係する分野では，ECR（ヨーロッパ医学放射線学会），CARS（国際コンピュータ支援放射線医学・外科学会），ICRU（国際放射線単位測定委員会）や，イギリス，ドイツ，スウェーデンなどの放射線医学会などです。そこで，頻繁にヨーロッパを訪問する時もあります。ある時，ドイツのフランクフルト空港を頻繁に利用していたので，数えてみたら1年間に10回通過していたことにはびっくりしました。ヨーロッパの研究者とは，色々なことを議論したり一緒に食事をしますが，彼らにはアメリカ人とは大きく異なる面もあります。アメリカ人は一般に仕事に夢中ですが，ヨーロッパ人は人生を楽しむことをかなり重視しているように思います。ヨーロッパの企業の方には，儲けるだけが目的ではないと言う人もいます。ヨーロッパの人達は，「アメリカではできるけど，ヨーロッパではできない」ことがあるのもよく理解しています。例えば，アメリカでは大きな研究計画を勇気を持って実行できますが，ヨーロッパでは保守的な考えが強く実現できないことがあります。

● ● ●

オランダのフィリップスの研究所を訪ねたことがあります。この研究所には，来客専用の昼食のための特別食堂がありました。高級レ

ストランのような雰囲気の素敵な特別食堂です。円いテーブルがたくさん並んでいましたが，数人が一緒に食事できる程度の大きさでした。われわれのテーブルの真ん中には，「小さなアメリカの星条旗」が置いてありました。そこで私は，「これは一体何ですか？」と聞いたのです。すると，「この研究所では，世界中の国から多くの訪問客があるので，その国の国旗を飾ることにしている」と説明されました。私はびっくりして，「私は日本人だ」と叫んだのです。すると，「あなたはシカゴに長く滞在しているから，私たちにとっては，あなたはアメリカ人なのです」との返事でした。この返事は，私にとってショックでした。アメリカで仕事をしていても，片時も祖国日本のことを忘れたことはありません。フィリップスの連中とは話が弾み，「あなたは英語で考えているだろう？」と聞かれたのです。しかし，それまでは，自分ではいつも日本語で考え，それを英訳していると思っていました。このフィリップスでの会話は，私にとって色々なことを考え直すチャンスとなりました。実際，その頃には，日本語で考える場合もあるし，英語で考える場合もあるような状態でした。ただ，そのようなことを意識していなかったのです。

● ● ●

アメリカやヨーロッパの大学院でのPh.D.の学位論文の最終審査では，しばしば外部の専門家を招いて審査委員会を構成します。これは学位候補者に対して，できるだけ客観的で公平な評価を行うためです。私は，スウェーデン，スペイン，オランダ，カナダや香港の大学での学位論文審査に招かれ，各国独特な学位審査について興味ある経験をしました。スウェーデンでは，オポーネントと呼ばれる役割をしました。スウェーデンの公聴会では，学位候補者の家族や友人などが参加できます。きちんと着飾った両親や親戚，お爺さんお婆さん

第17回 ヨーロッパとアメリカはすごく近い

や小さな子供たちも含まれます。この公聴会では，オポーネントが，学位論文の内容とその意義を一般の方々を対象に20分程度のわかりやすい講義をします。次は，候補者を前にして，学位論文の始めから終わりのページまで厳しく質問します。この質疑応答は約1時間ですが，候補者が返事できない場合には，数時間に及ぶこともあるそうです。公聴会の終了後には，数人の審査委員が別室で学位論文の内容と候補者の資質を審査して，合格か否かの投票を行います。スウェーデンでは，学位候補者が公聴会まで辿り着けば，否定されることはないと聞いていました。そこで合格すると，その夜は候補者のおごりで大パーティが開かれ，合格をお祝いするのです。スウェーデンのパーティは，必ずダンスパーティです。スウェーデン人はたぶん，世界中で最もダンスの好きな国民かもしれません。

● ● ●

スペインの公聴会では，大家族の応援はありませんが，多くの友人達が参加できます。数名の審査委員は権威者として壇上に座って，30分ほどの候補者の学位論文についての発表を聞きます。その後，候補者との質疑応答が終了し，候補者と傍聴員の退席後に，候補者の合否が審議されます。合格が決定されると，直ちに本人に連絡されます。スペインでの公聴会は午前中に行われ，学位合格のお祝いは，3時間にも及ぶ大昼食会が開かれます。サンチャゴ大学でのパブロ・タホーセーズやパコ・カラスカル(図1)の学位受領時の昼食会は，街の有名な海鮮レストランで開かれました。

● ● ●

オランダのユトレヒト大学では，数百年前から伝統のある荘厳な雰囲気の部屋で公聴会が開かれます。この部屋の壁には，ユトレヒト大学の過去の学長など，100人以上の見事な油絵が飾ってありました

図1　サンチャゴ大聖堂前の筆者とPaco Carrascal（1996年撮影）

図2　ユトレヒト大学での学位審査のための公聴会が開催された部屋の肖像画（2001年撮影）

（図2）。公聴会には，オランダ各地から多くの人が出席していました。学位審査委員は，中世からのガウンと帽子をかぶった出で立ちで，候補者の30分程の学位論文の要約を聞きます。その後，審査委員と候補者の間の質疑応答が始まり，約30分経過した頃に突然，中世の衣服をまとい大きな棒を持った男が部屋に現われ，その棒で床を「ドカーン」と力強く叩き，「時間いっぱーい」と大声で叫んで公聴会は終了したのです。

第18回

CAD研究の始まり

　医用画像の分野で，デジタル画像が本格的に広範に使用されるようになったのは1980年代です。その当時，デジタル画像を利用するPACS (Picture Archiving and Communication Systems) の研究開発に大きな関心が集まっていました。PACSの利点は画像の管理や病院の経営には有益と考えられていましたが，放射線科医の日常業務へのインパクトは明確ではありませんでした。そこで，シカゴ大学のロスマンラボでは，「デジタル画像の利点を生かして，放射線科医の毎日の仕事に貢献できるものは何か？」を考えていました。放射線科医の毎日の仕事は読影です。そこで，読影を支援することのできる技術として，コンピュータ支援診断 (Computer-Aided Diagnosis：CAD) の研究開発を開始したのです。

● ● ●

　一方，1960年代には自動診断の研究開発が行われていましたが，その結果は成功とは言えない状況でした。失敗の原因は，デジタル画像が容易に入手できなかったこと，コンピュータの能力が低かったこと，画像解析の技術レベルが低かったことなどです。しかし，最も決定的な欠陥は，「機械やコンピュータは人間よりも優れた特性を持つから，人間による読影業務をコンピュータに置き換える」という過度

の期待にあったと思わ
れます。そのために，
期待はずれの自動診断
の結果から，一部の研
究者や医師達に，「医
用画像をコンピュータ
で分析するのは到底無
理で，必ず失敗する」
と思われていました。
これは，無分別な偏見
と強力な反対意見とな
り得ます。

図1 マモグラムにおける乳がん検出のための世界最初のCAD試作装置（1994年撮影）
レーザースキャナー，光磁気ディスクライブラリー，コンピュータとモニタを含む。

● ● ●

そこで，シカゴ大学では，「医師による読影業務は必要で，コンピュータによる画像の分析結果は，第2の意見として参考にするだけ」という，コンピュータ支援診断の控えめな概念に基づくことにしたのです。さらに，医用画像におけるがんなどの病巣のコンピュータによる検出は，極めて困難であると予測されたので，成功した場合に，できるだけインパクトの大きなテーマを選択しました。当時，医学分野で重要な病気は，肺がん，乳がんと心臓病でした。そこで，これらの病気と関係するCADの研究テーマとして，「胸部単純写真におけるノジュール（結節状陰影）の検出」，「マモグラムにおける微小石灰化の検出」（図1）と「心臓血管造影像における血管狭窄率の定量化」を決めたのです。

● ● ●

医用画像における病巣のコンピュータによる検出手法は，放射線科医の読影プロセスを学んで，それに基づく手法を開発しました。放

第18回 CAD研究の始まり

射線科医は複雑な読影業務を実行しているので，その経験に基づいて技術開発をするのは妥当な考え方だと思いました。例えば，胸部単純写真において，医師は多くのノジュールを見落とすことが知られています。その理由は，胸部写真に含まれる肋骨や血管などの正常構造がバックグラウンドとなって，ノジュールを見え難くするからです。そこで，コンピュータにとっても正常構造が邪魔になることが予測されるので，CADでは最初にバックグラウンドの構造を減弱する手法が開発されたのです。

● ● ●

コンピュータ支援診断の研究開発がもし成功するとすれば，何が目安になるかも考慮しました。それは，世界中の病院で，多くの画像診断においてCADが毎日利用されることだと考えました。そのためには，CADの開発には，多くの大学や企業によるアルゴリズムの開発だけでなく，観察者による実験，データベースの構築，臨床テスト，商品開発などの総合的で膨大な研究が必要です。したがって，世界中の研究者は研究仲間であり，ライバルではないと考えました。そこで，毎年，シカゴで開催される北米医学放射線学会（RSNA）で，20年以上にわたってCADについての総合的な展示（図2）を行い，多くの方の理解を深めることを目標にしました。現在，アメリカでは年間約3800万人のマモグラムによる乳がん検診が行われていますが，その80％以上はCADを用いて診断されていると推定されています。

● ● ●

胸部写真，マモグラムと血管造影像における3種類のCADの研究は，ほぼ同時に始まりました。しかし，血管造影像における狭窄率の正確な推定については，心臓学科のK.J.チョイとの共同研究として若干先行していました。その後，藤田広志先生（岐阜大学教授）が，

図2 RSNA 1993（北米放射線学会）において Magna Cum Laude を受賞した CAD 展示とロスマンラボのスタッフ（1993年撮影）

前列左から，Zhimin Huo，吉田広行，筆者，Bob Nishikawa，Maryellen Giger，Yulei Jiang。中列左から，Xin-Wei Xu，Ken Hoffmann，Wei Zhang。後列左から，Sam Armato，小田敍弘，桂川茂彦，杜下淳次，江馬武博，Fred Behlen，John Papaioannou。

(敬称略)

イテラティブ・デコンボリューション技術による血管径や狭窄率を正確に求める方法を開発したのです。血管造影像に関するCADの開発は，それからも多くの研究者や学生達によって継続されました。ケン・ハフマン（ニューヨーク大学教授）は，血管像を追跡する技術を開発し，医学物理の学生だったノーム・アルペリン（マイアミ大学教授）と一緒に，追跡できた血管を分類する技術を開発します。ローラ・フェンセル（エール大学教授）は，医学部のM.D.-Ph.D.の学生でしたが，このプロジェクトを3次元画像にまで拡張したのです。

● ● ●

胸部写真のノジュール検出のCADについては，当時Ph.D.を取得したばかりのマリーエレン・ガイガー（シカゴ大学教授）が研究開発を始めました。しかし，このプロジェクトも，その後多くの研究者や医師，

学生に引き継がれて、色々なアイデアに基づく改善を重ね、20年以上も経過しています。このことは、ノジュール検出が極めて複雑で困難なことを示しています。医学物理の学生シンウェイ・シュウは、多重閾値を用いる手法を考案しましたが、コニカミノルタから派遣されていた吉村　仁さんは、モーフォロジカルフィルターを用いる技術を開発しました。放射線科医の松本常男先生（前・山口大学）と小林　健先生（金沢大学）は、CADが役に立つことを観察者実験で証明しています。その後、石田隆行先生（大阪大学教授）、チャン・リー先生（中国上海学術院教授）や白石順二先生（熊本大学教授）や鈴木賢治先生（シカゴ大学准教授）などが、色々な工夫を持ち込んでいます。

● ● ●

　胸部写真の異常陰影については、さらに、間質性陰影、心肥大、気胸などの検出のCADが開発されました。桂川茂彦先生（前・熊本大学教授）や杜下淳次先生（九州大学教授）は、間質性陰影の検出と鑑別診断に関するCADを開発しました。鑑別診断のためのニューラルネットワークを用いる手法は、浅田尚紀先生（前・広島市立大学学長）によって開発され、その後、芦澤和人先生（長崎大学教授）と阿部裕之先生（シカゴ大学准教授）は観察者実験からROC曲線を求め、CADが役に立つことが証明されています。心肥大の検出のCADは、中森伸行先生（京都工芸繊維大学教授）によって開発されています。気胸や肋骨の検出のCADは、真田　茂先生（金沢大学教授）によって開発されました。胸部写真の経時変化の検出と椎体骨折検出のCADは、コニカミノルタから派遣されていた加野亜希子さんと笠井　聡さんが、それぞれ開発してくれました。

● ● ●

　マモグラムの微小石灰化を検出するCADは、ヘアンピン・チャン（ミ

シガン大学教授）が開発してくれました。その後，バブ・ニシカワ（ピッツバーグ大学准教授），東芝から派遣されていた江馬武博さん，吉田広行先生（ハーバード大学准教授）など，多くの研究者達によって改善されています。特に，放射線科医による観察者実験の結果，世界で初めてCADは役に立つことが証明されましたが，この研究には，バブ・シュミット（前・シカゴ大学教授），小倉敏裕先生（群馬県立県民健康科学大学教授）などが参加しています。微小石灰化の良性・悪性を区別する鑑別診断のためのCADは，医学物理の学生だったユーレイ・ジャン（シカゴ大学准教授）が開発してくれました。一方，マモグラムのマス（腫瘍）の検出と鑑別診断のためのCADは，マリーエレン・ガイガーや医学物理の学生だったファンファン・イン（デューク大学教授）とジミン・フオ（ケアストリーム社研究員）が開発に参加しています。マモグラムにおける類似画像に関する研究では，日本から医学物理に留学した村松千佐子先生（岐阜大学研究員）がPh.D.の研究を通して，その重要性の理解に大きく貢献してくれました。

● ● ●

ロスマンラボにおけるCADに関する研究は，その後，CT，MR，超音波，核医学画像などにも拡張され，対象臓器は，肺，乳房，心臓，肝臓，大腸，頭部，血管系，骨系などを含み，1000編以上の論文が出版されています。その間，桂川茂彦先生と白石順二先生はシカゴ大学に長期間滞在し，CAD研究に大きく貢献されました。また，シカゴ大学の特許に関するポリシーが変更されたために，100件以上のCADに関する特許が申請されました。これらの特許は，シカゴ大学からCADを開発する数社の企業にライセンスされ，商品化されたものもあります。ロスマンラボでCADの研究に関係したアメリカ，日本をはじめ，他の外国からの研究者や学生の数は200名以上になります。

第19回

シカゴ大学とベンチャー企業との共同作業

　1970年代には，シカゴ大学の教員は特許を取得することは許可されていませんでした（第14回目：91ページ参照）。シカゴ大学の教員は，新しい知識を生み出し，これによって社会貢献することが使命と考えられていたためです。しかし，1980年頃から状況が変化します。その理由は，アメリカ政府からのグラントなどの研究費支援が次第に減少したため，シカゴ大学では大学の知的財産を保護し，これを利用して資金を確保する必要が出てきたのです。そこで，大学のポリシーは大きく変化し，特許を申請することができるようになったのです。しかし，シカゴ大学では，個人的な利益を得るために特許をとることは強く禁止されています。教員の研究活動によって新しい知識が創造され，これが社会貢献すると判断される場合だけ，特許を申請することが許されるのです。その結果，個人的な利益を受ける場合もありますが，それは本来の目的ではなく，付随的な結果と考えられています。

● ● ●

　1980年代には，ロスマンラボでコンピュータ支援診断（CAD）（第18回目：111～116ページ参照）に関する研究が始まります。当初，この研究では特許を申請することは考えていませんでした。しかし，

小松研一さん(前・東芝メディカルシステムズ社長)から,「ぜひ特許を取るように」との貴重なアドバイスを受け,これに従うことになります。CADに関する研究は前回(第18回)述べましたが,最初はとても難しそうに思えたプロジェクトでしたが,驚いたことに,研究者達にとっては面白い結果が次々に出始めます。そこで,CADに関する基本技術の特許申請は日常のことになり,しばらくすると100件以上になっていました。

● ● ●

1990年代に近づくと,乳がん検診におけるマモグラムの病巣の見落としがアメリカの主要テレビで放映され,大きな社会問題として注目を集めます。このテレビを見たアラン・マイケルズは,コンピュータを用いて病巣を検出することを思いつき,そのような研究を行っているロスマンラボに気がついたのです。1992年にアランはわれわれに近づき,ベンチャー企業を始める提案をしたのです。アランは当時,日本の企業とのコンピュータ関連のベンチャー事業に成功し,日の出の勢いで多額の個人資産を築いていました。私もロスマンラボのスタッフも,CADを実用化するベンチャー企業の可能性に大喜びでした。アラン達とのシカゴでの夕食会では,新会社の名前を考えるところまで会話が弾んでいました。具体的にベンチャー会社を設立する段階になった時,シカゴ大学の知的財産担当責任者のスティーブ・ラザラスとアランとの電話会議が行われました。この会議では,ベンチャー会社の設立に「アランがいくら投資するか」とのスティーブの問いに対して,アランはすでに共同研究などを行っている日本企業からの投資を考えているので「自分は個人的には投資しない」との返事でした。スティーブは,「この計画に対する熱意を1から10までのスケールで判断すると(ただし10が最高で1が最低とすると),私の現在の熱意は1です」

第19回　シカゴ大学とベンチャー企業との共同作業

と返事して，この計画は水泡に帰することになります。この結果には大変失望しましたが，私にとってはよい経験だったと思っています。スティーブは当時，シカゴ大学経済学部の副学部長で知的財産担当のARCHという組織の責任者でしたが，ニクソン大統領の時代に「ニクソンショック」として知られているアメリカと中国との国交再開交渉に際し，国務省次官補として極秘会談を成功させた立役者だったのです。スティーブは，豪快で勇気と決断力のある立派な人物でした。

●　●　●

1993年には，バブ・ウオンから突然電話があり，「友人が乳がんのCADに興味がある。シカゴ大学からCAD技術のライセンスを受けることできるだろうか」との問い合わせでした。バブとは，1975年のコロンビアの会議（第11回目：68〜71ページ参照）で会って以来の長年の友人でした。バブは，以前ロッキードからライセンスを取得し，ベンチャー企業を起こして希土類蛍光体を増感紙にすることに成功し，基本技術を3Mやコダックに売却したことで知られていました。バブの考えは，シカゴ大学からライセンスを取得することができれば，投資家達から資金を集めてベンチャー会社を設立することでした。ただし，投資家達を説得するのは，極めて難しいと考えられていました。投資家を説得する成功率は，約1%だそうです。1000の提案のうち10件が起業してスタートしたとしても，この中で利益の出る企業として成功するのは3〜4件だとのことです。そのため，ベンチャー企業を始めたとしても，極めて困難な道のりが予想されました。

●　●　●

バブとスティーブとの協議は順調に進行し，バブは数件の投資会社や投資グループから資金を得ることができ，10人ほどのメンバーでシリコンバレーに新会社を設立しました。シカゴ大学は，CAD技術に

関するライセンスを与えることになり，ロスマンラボは全面的に支援することになります。企業の名前は，R2に決まりました。CADは，第2の意見として「セカンドリーダー (2R)」という表現ができます。しかし，会社の名前の最初に数字を置くと電話帳で探すのが困難であるため，これを逆にしてR2になったのです。R2は最初，約1億円の資金でスタートしました。数人の投資家達とスティーブは，会社の理事として毎月理事会を開き，重要項目を議論します。その中に1人も技術者が含まれていないのには驚きましたが，ベンチャー企業においては厳しいビジネスに基づく会社経営が，最も重要と考えられているからです。

● ● ●

R2の数名のスタッフは，まずはじめにシカゴ大学を数日間訪問して，マモグラムにおける微小石灰化と腫瘍の検出のアルゴリズムの詳細を学びます。新会社は，短期間に有能な人材を集めて急成長します。しかし，1年後には，最初の資金をほとんど使い果たしたので，バブは投資家達に，「さらに会社を成長させるか？ 投資を終了させるか？」と迫ります。そこで，投資家はさらに1億円を投資します。R2は臨床テストを始め，アルゴリズムの改善に取り組みます。1年後には，再び資金を使い果たし，今度は2億円の投資を要求します。R2はこれで4億円の企業に成長しますが，1年後には再び4億円の投資を要求します。このようにしてR2は，8億円，16億円，32億円と増やして，合計64億円の投資まで成功します。その間に，FDAの指導の下にPMA臨床テストを行い，1998年にはCAD臨床装置として認可を受けることに成功し，アメリカにおいて世界最初のCAD装置の販売が始まったのです。この間に，シカゴ大学とR2は，カリフォルニアで数回の合同会議（**図1**）を開催します。その後2006年に，R2は

図1 シカゴ大学とR2のペブルビーチ合同会議の参加者（1994年頃撮影）
左から，Bob Wang, Maryellen Giger, 筆者夫妻, Jimmy Roehric夫妻, Bob Schmidt, Bob Nishikawa, Carl Vyborney　　　　　　　　　　　　（敬称略）

ボストンのHologicという会社に約240億円で売却されます。それにより投資家は約3倍の利益を得ることになり，このベンチャー起業は成功したと思えます。アメリカでは現在，乳がん検診のため年間約3800万人のマモグラムが撮影されていますが，約80％の患者はCADを利用して診断されています。

● ● ●

一方，胸部単純X線写真における肺がん検出のためのCAD装置開発は，ワシントン郊外のデウス（Deus）という会社で始まりました。デウスは，ケイラム（Caelum）という宇宙通信関連会社の子会社でしたが，1995年にシカゴ大学からライセンスを取得してCADの開発を始め，2001年にFDAの認可を取りました。しかし，外部から大き

な資金を集めるのが困難だったことと，技術者中心のチームで，マーケットとビジネス関連の支援不足から，2004年にオハイオ州クリーブランドのリバーレイン（Riverain）という会社に売却されました。リバーレインは，ドッグフードで成功した2人の億万長者の資金による新会社で，資金不足の心配がなく長期的に成長の期待できるベンチャー企業と考えられています。2人の資金は，1000億円程度と噂されています。2人の資本家は，CADによって大きな社会貢献をしたいと願っています。そこで，リバーレインは，技術者とマーケット関連の人材を集めて急速な進展を図り，CADの特性は飛躍的に改善されているようです。

● ● ●

シカゴ大学のCAD技術はさらに，三菱スペースソフトウエア，メディアン，東芝，GEの4社にライセンスされました。三菱スペースソフトウエアは，三菱電機関連の宇宙通信などの企業ですが，胸部単純X線写真による肺がん検出に興味を持っていました。CT画像の肺がんに関する陰影の検出については，シカゴ大学はフランスのメディアン（Median）というベンチャー企業に，ライセンスを与えました。一方，世界中の多くの国の研究者は現在，多種類のCADに関する研究に従事しており，RSNA，SPIE，CARSなどの会議で毎年数百件の研究報告があります。また，世界中の主要医療機器メーカーは，何らかのCADの販売や開発研究に関係しています。多くの企業は，現在も研究開発を継続していますので，将来の進展が期待されています。

第20回

学術研究のより良い進め方と考え方

　学術研究のより良い進め方と考え方について，過去20年ほどの間に多くの大学や研究会などで講演し，記事[1]を書いたこともありますが，ここでは概略を述べます。

● ● ●

研究とは何か？

　研究とは，世界中の人類にとって新しい知識を生み出す努力と定義できます。この努力には，作業と知的活動の2つの異なる面があります。手足を使って機械や装置などを操作してデータをとるのは作業ですが，データやグラフを眺めて何を意味しているのかを考える部分は知的活動です。若い研究者にとっては，作業が研究のすべてに思える時があるかもしれませんが，経験豊富な研究者にとっては知的活動が重要な部分です。研究には両者が必要ですが，この2つを明確に区別することが重要です。

● ● ●

なぜ研究するのか？

　その答えは，新しい知識はしばしば役に立ち大切だからです。最近の自動車，パソコン，携帯電話などは素晴らしい文明の利器ですが，これらは多くの研究から得られた新しい知識の膨大な積み重ねで進歩

したものです。そこで、研究結果を出し続ければ業績になります。したがって個人にとっては、地位や給料の向上が期待できます。しかし、信じない方には当てはまらないと思います。

● ● ●

何を研究するのか？

　研究テーマの選択には、それぞれの分野の専門知識は必要ですが、世間の常識の観点からの考慮も必要です。研究テーマは、できるだけ重要な問題点に関するものを選ぶべきです。研究テーマの重要性は、社会的あるいは技術的に、色々な観点から重要であるかどうかを検討する必要があります。また、研究者は、一定期間に研究を行って、その結果を発表することになりますので、与えられた時間内で役に立つ結果の得られそうなテーマであることも大切です。

● ● ●

研究の方法論は何か？

　研究の始めには、文献調査が行われます。文献を読む目的は、「何がわかっていて、何がわかっていないのかを区別する」ことです。それが明確に区別できれば、適切な研究テーマを選択することができます。実験装置、共同研究者や研究費などはしばしば不足しています。しかし、必要最低限あれば研究を始めることができます。研究の方法論で一番大切なのは、毎日得られる研究結果の分析と次の行動計画を立てることです。これには優れた判断力と厳しい論理性が必要です。データは、研究からの何らかのメッセージと考えることができます。そこで、これを解読して次に何をするべきかを考えるのです。研究は、正面から正々堂々と対処することが必要です。

第20回 学術研究のより良い進め方と考え方

● ● ●

どうしたら研究が上手になるか？

　スポーツや趣味で上手になりたければ，繰り返し練習することです。プロの選手は，毎日，同じことを繰り返しています。そこで，研究者も上達したければ，たくさん研究を続けることが必要です。自分の周りに研究の上手な方を見つけ，その方の研究の仕方を真似ることは有益です。その結果，だんだん研究がうまくできるようになったら，自分のやりたいように工夫すればよいのです。研究結果がまとまってきたら，できるだけ多くの機会に口頭発表することと，論文を書くことが大切です。発表と論文には，大きな差があります。口頭発表は時間が経てば消え去りますが，論文は永久に残ります。そこで，論文を書く前には，研究の始めから最後までを詳細に再検討して全体を眺めることになります。この努力は，研究者の能力を進歩させると思います。

● ● ●

研究結果の価値や，研究者の価値はどう判断するのか？

　人間の社会における研究結果の価値は，最終的には実用化される程度だと思います。しかし，実用までに長い年月のかかる場合があります。多くの基礎研究では，実用までに10年以上かかることはまれではありません。そこで，他の分野への応用や他の研究者による引用の程度が，研究の価値と関係しています。「研究結果の価値は役に立つこと」だと思います。一方，研究者の価値は，多くの役に立つ研究をすることです。しかし，独創的な研究を行う研究者や，困難な問題に取り組む研究者も，研究者としての価値は高いと思います。さらに，複雑で困難な問題や研究結果を，わかりやすく説明できる研究者も価値があると判断されます。

● ● ●

どうしたら役に立つ研究ができるか？

　この疑問はきわめて困難ですが，役に立ちそうな答えの必要な問題点を絶えず探して考えていることだと思います。そのためには，他の分野の成功例を知っておくことが役に立つ場合もあります。多くの成功例には，偶然もありますが，論理的な因果関係も含まれています。あとは，幸運を祈ることですが，「できるだけ目標を高くしておく」ことが必要です。

● ● ●

どうしたら独創的な研究ができるか？

　独創性とは複雑な概念を想像しがちですが，独創性の基は，「思いつきやひらめき」だと思います。先端的な研究者は，先端的な問題や課題をよく理解していますので，それぞれの分野での思いつきやひらめきが，独創的で重要なアイデアとみなされる場合があると思います。独創性は，誰でも持っていますが，気がついていない場合が多いと思います。

● ● ●

研究を成功させるには何が必要か？

　研究で成功している多くの先輩達の共通点は，鉄のような強い意志を持って研究していることです。さらに，誰にも負けないほどの努力をしています。しかし，毎日，これを実行するのは容易ではありません。一方，誰も前もって自分の能力があるのか，ないのかを知ることはできませんので，あとは能力が適していることを祈ることだと思います。そこで，やる気のあることが大切です。

研究を上手に指導するにはどうするか？

　若い方を指導するには，まず相手の適性や好き嫌いを知ることです。そして，その相手にあったテーマを選択することです。また，納得のいく説明をすること，相手が納得したことを確認することも必要です。さらに，明確で疑いのない方針を与えることです。研究を指導する上で一番重要なのは信頼関係のあることが基本ですが，この「信頼関係を大きく成長させる気持ち」を持って指導することです。

研究を上手に指導されるにはどうするか？

　反対の状況で，若い方が上手に指導されるには，敬意を払える指導者を選ぶことができれば理想的です。しかし，上司や指導者がすでに決まっている状況もあり，相手のことを知らない場合があります。その時は，その方の「敬意を払える点」を探すのです。人間は，誰でも，1つや2つは優れた点を持っています。その良さが見えてくると，相手に対する考え方が変わります。その後は，指導者の一挙手一投足を観察して学ぶことです。しかし，若い方は，自分から行動を起こすことも必要です。

研究者はどのような判断をするべきか？

　人間は研究だけでなく，色々な状況で，毎日多くの判断が必要です。そこで毎回ベストの選択ができると，最短距離で進歩することができます。研究では，良い結果を迅速に得ることができるかもしれません。毎回，その場で，「一番大事なことの選択の判断」をすることが大切です。人生には，重要なチャンスが何度かあります。その時に後で後悔しない優れた判断をするためには，普段から優れた判断をする練習

をしておく必要があるのです。毎日の些細に思えることに対しても，いつも一番大事なことを正確に判断できていれば，ある日突然，生涯の岐路に直面するような時にも，間違いのないベストの選択ができると思います。次に，「やめることの判断」もきわめて重要です。若い研究者は，自分の始めた研究がすべてのように思える時があるので，これをやめることは困難です。しかし，やめることは別の新しいことの出発点になる場合が多いのです。一方，長期的および総合的な判断ができるようになると，一人前の研究者です。なお，「優れた判断には勇気が必要」です。なぜならば，どの判断にもリスクが伴うからです。どのような判断にも，間違える可能性があります。間違えても，自分は何とか対処するのだ，あるいは解決策を考えるのだという見方をすることです。そのように考えることができれば，勇気を持って優れた判断ができるようになると思います。

● ● ●

研究者はどうしたら話が上手になるか？

　世の中には，話の上手な方がたくさんいます。学校の先生，セールスマン，医者，政治家などです。この方々に共通するのは，職業上同じことを何回もしゃべっていることです。そこで，研究者も話しが上手になるには，同じことを何回もしゃべることです。これはリハーサルと同じことです。また，専門分野の異なる方に聞いてもらうことも有益です。例えば，伴侶や学生時代の同級生などに理解できる話をする練習は役に立つと思います。一方，学会や講演会などで，話の上手な方の話を聞いて，良い話だった，あるいは話が上手だったと感じることがあります。その場合には，良い話だったと感じた理由を考えるのです。それを詳しく分析することによって，話が上手になるために必要なものが，自分の身につくようになると思います。しかし，

一番大切なのは,「相手を説得する熱意のあること」です.大抵の場合,熱意は相手に伝わります.

●　●　●

研究は楽しいか,苦しいか?

　研究をしていると,期待する結果が出ずに悩むことがありますし,次に何をするのかわからない時もあります.若い時には若い時の悩みがあり,指導者になってもそれなりの苦しい苦難の時もあるので,勇気を持って頑張ることも必要です.多くの分野で成功している方は,若い時に苦難の年月を経験した方が多いです.しかし,素晴らしい結果が出ると,楽しくなります.時々わくわくするほどの興奮も経験します.さらに長く研究を続けていると,「感動するほどの報いがある」と信じます.その時には,苦難の年月は,楽しい思い出になっていることと思います.

●参考文献
1) 土井邦雄:学術研究のより良い進め方と考え方.日本放射線技術学会雑誌, **66**, 925～934, 2010.

第21回

感情能力の基礎概念と
その重要性

　知能指数（IQ）は，一般に人間の能力の尺度と考えられていました。しかし，人間の生涯における成功の程度を予測できるかを考えると，「この尺度はほとんど信頼性がない」とアメリカの心理学者や脳神経学者は考えていたのです。では，一体，「人間の知的能力の真の尺度は何か？」という疑問が出ます。そこで，1990年代にアメリカの研究者達は，今までとはまったく異なった「感情能力指数（EQ）」が，人間の知的能力の真の尺度ではないかと考え始めたのです[1]。ここで，感情能力（emotional intelligence）という新しい概念が登場しますが，感情能力は，従来，性格と呼ばれている資質と関係しています。この概念を理解するために，以下に，「4歳児のマシュマロテスト」と呼ばれる実験結果を紹介します。

● ● ●

　4歳の子供をつれてきて，机の上に1つのマシュマロを置いて，「おじさんは，これから用足しに出かけるけど，戻ってくるまでこのマシュマロを食べないで待っていたら，もう1つのマシュマロをあげる」といって部屋を出ます。この実験を多数の4歳の子供達に，一人ずつ行うのです。すると，すぐにマシュマロを食べてしまう子供達もいますが，おじさんが戻ってくるまで，ずっと長い間我慢して，2つのマシュマ

ロを貰う子供達もいたのです。この2つのグループの子供達が成長して高校生になった時に、驚いたことに大きな差のあることがわかったのです。1つのマシュマロを食べて満足した4歳児は、孤独で頑固な、フラストレーションになりやすいティーンエイジャーになっていたのですが、2つのマシュマロを貰った4歳児は、自信を持ち、順応性があり、人気のある頼りになるティーンエイジャーになっていたのです。この実験は、著名な心理学者ウォルター・ミッシェル（コロンビア大学教授）の考案によるものですが、たとえ4歳児であっても、「喜びを遅らせることができる能力は名人芸であり、衝動的な頭脳に対して、理性的な頭脳の勝利を示している」と解釈されています。このような4歳児のマシュマロテストの結果は、IQテストの結果には含まれない、感情能力の兆候を示しているように思えます。この実験は、1960年代、70年代に行われたのですが、当時の4歳児は大人になっていますので、その子供達を追跡し、このような性質が世代を超えて遺伝するのかどうかを調査しているそうです。

● ● ●

感情能力を正確に定義するのは極めて困難ですが、有名な心理学者のピーター・サロビー（エール大学教授）とジョン・メイヤー（ニューハンプシャー大学教授）によると、感情能力は、①自分の気持ちの理解、②他人の気持ちの理解、それに基づいて③感情をコントロールして社会的に適切と思われる行動をとることのできる能力と定義されています。この3つを達成することは容易ではありませんが、理想的には、人間社会で成功するためには必要なことだと思います。感情能力が複雑なのは、感情には多くの異なった面（多様性）があることと、また、それぞれが独立（独立性）であることです。例えば、ある人は怒りを抑えることができても、恐れをうまく扱えない。反対に、ある人は恐

れないけれど,怒りを抑えることができない。ある人は喜びを素直に受け取ることができない。しかし,ある人は何にでも簡単に喜んでしまう。ある人は悲しみに圧倒されますが,一方,ある人は絶えず冷静です。そこで,それぞれの感情を個別に考える必要があります。さらに,感情能力は,感情の応答に直接関係するものだけでなく,自己認識,感情移入,社会的器用さなどのつかみどころのない,多数の複雑なものに関係しています。そこで,感情能力に関する単一評価尺度を測定することは,極めて困難です。

● ● ●

しかし,いくつかの特定の感情能力については,定量化や評価が可能です。著名な心理学者のマーティン・セリグマン(ペンシルバニア大学教授)は,「成功には楽観性(オプティミズム)が重要だ」と考えています。なぜならば,楽観的な人が失敗すると,「失敗の原因は,自分のせいではなく,自分が変えられるものに起因する」と考えるのです。この自信が原動力になるという考え方です。楽観性の重要性については,次の事例があります[1]。

メトロポリタンライフというアメリカの保険会社では,毎年5000人を保険の外交員として雇用していますが,1年後には50％が退職し,2年後には80％がやめてしまうそうです。この理由は,保険のセールスマンの仕事は頭から断られることが多く,極めてつらく,ストレスがかかり,難しいからです。しかし,新入社員の教育には多額の費用がかかるので,メトロポリタンライフの社長は,セリグマンに相談したのです。セリグマンは,会社のスタンダードテストに合格した1万5000人と,これには失敗したが,楽観性のレベルを測定するテストに合格した1万5000人の新規採用者を追跡調査したのです。その結果,1年後には,楽観的セールスマンは他のセールスマンよりも21％増の

売り上げを記録し，さらに，2年後には，57％増の売り上げを記録したのです。

●　●　●

楽観性に関するセリグマンテストの3例を次に示しますので，(A)か(B)を選んでください。
① 奥さんの誕生日を忘れた時：
(A) 私は誕生日を覚えるのが下手です。
(B) 私は他の仕事で忙しかったのです。
② ボスの言動に腹が立つ時：
(A) 彼はいつもガミガミ言ってます。
(B) 彼はきっと気分が悪かったのです。
③ スキーをしていて，たくさん転んだ時：
(A) スキーは難しい。
(B) 今日はアイスバーンだった。

これらの質問の答えには，一定のパターンのあることに気がつくと思います。これらの例の(B)の答えは，楽観性の高い選択に対応すると考えられています。

●　●　●

感情についてのコミュニケーションの90％は，言葉以外の表現によると考えられています。顔の表情，身振り，手足の動き，声の大きさやしゃべり方などによって色々な感情を表現できることを，多くの方は経験していると思います。感情についての微妙な変化を読む能力を測定するテストが考案されています。ポンズテスト[1]と呼ばれていますが，これには，怒り，愛情，嫉妬，感謝，誘惑などの感情を表現している若い女性の写真を用います。この写真を，顔だけ見せたり，目の部分を隠したりして，微妙な変化による感情の表現について観察

者は判断するのです。その結果，ポンズテストで良い成績を得る人は，一般にそれぞれの分野で成功しているそうです。

● ● ●

　感情能力の中で最も重要な技能は，メタムードと言われるものです。これは，一歩下がって，自分の感情を正確に理解する能力です。この技能を知っていると，色々なことに上手に対処することができるかもしれません。例えば，朝，不愉快なことのあった人は，一日中不機嫌に過ごすことがありますが，なぜそうなのかわからないことが多いのです。しかし，不愉快の原因を理解し，適切に対処することは可能です。自動車を運転していてスピード違反で捕まった時には，その後，多くの人はとても不愉快で，その日の仕事にもひどく影響する場合があります。しかし，スピード違反は誰でもやっていることですが，これを野放しにしておくことはできないので，たまに誰かが運悪く捕まってしまうのです。しかし，スピード違反の罰金は税金のようなもので，「社会的な義務を果たしたと考える」ことができます。そのように考えることができれば，スピード違反で捕まったとしても，その日の仕事に悪影響を与えることはないと思います。

● ● ●

　多くの感情に対する応答の中で，怒りをコントロールすることは一番難しいと考えられています。怒りに対する体内の反応は，エネルギーがわき立ち，カテコラミンというホルモンが脳細胞から分泌されます。興奮すると，カテコラミンがより分泌されやすくなります。そこで，難しいことが連続すると，怒りやすくなるのです。これに対処する方法は，時間を置くことです。また，気分転換のために，何か別のことをするのがよいと思います。そのためには，スポーツで汗をかくとか，居酒屋で友人と一杯飲むのも有益です。怒りの次に大切なのは，心

配や不安です。心配は，危険に対するリハーサルと考えることができます。心配は，問題点に集中させ，回答を探すのに役に立ちます。しかし，心配が思考を妨げると，危険が発生します。適度の心配は役に立ちますが，過度の心配は失敗の可能性を大きくします。

● ● ●

感情能力指数EQと知能指数IQとの関係は，基本的には独立と考えられます。例えば，IQが高くてもEQの低い人がいます。一流の大学を卒業しているのに，人間関係が悪く，会社員として思ったほど出世しない人がいます。反対に，IQは低くてもEQの高い人がいます。ほとんど学歴はないのに，会社員として，あるいは政治家として大成功する人がいます。このような人は，しばしば高い見識を持つ優れた指導者です。感情能力と知能の役割については，どのような関係があるかを理解しておくことは有益だと思います。ストレスのある状況では，人間は冷静に考えることは困難です。しかし，ストレスを上手に扱うことができれば，知的能力に集中して，これを利用することが可能になります。つまり，IQを十分に使うには，EQが必要になります。会社に就職するにはIQが必要ですが，会社で出世するにはEQが必要と言われています。成功に必要なものの中でIQの役割は約20％と言われています。IQは，人間の固有の特性と考えられていますが，EQは，年齢や経験とともに成長あるいは改善できると考えられています。多くの人は，自分を振り返ってみて，若い頃の未熟故の失敗を記憶しているかもしれませんが，加齢と経験の結果，同じような失敗を避けることが可能です。

● ● ●

感情能力指数EQと知能指数IQは，モラルとは独立です。つまり，EQもIQも，良いことにも悪いことにも使われる可能性があります。

例えば，銀行強盗はIQの高い犯罪者だと思いますが，結婚詐欺はEQの高い犯罪者だと思います。しかし，多くの人にとっては，感情能力の基礎概念を理解しておくことは，それぞれの感情能力を大きく成長・改善させ，個人の成功，より良い大学，より良い病院，より良い社会の発展のために役に立つと思われます。

●参考文献
1) Nancy Gibbs：The EQ factor. *Time Magazine*, October 2, 1995.

第22回

落雷によるわが家の火事と後始末

2000年6月23日(金)の夜,私と家内は大学院の学生ジャッキー・エスタパンの学位審査の成功を祝うため,ケン・ハフマン(現・ニューヨーク大学教授)達とチャイナタウンで食事を楽しみました。小雨の中を帰宅する途中,家に近づくにつれて消防車の数が多くなるのに気がつきました。一体どこが火事なのかと思っているうちに,わが家の周りにたくさんのホースが転がっていて,わが家が火事だとわかりました。消防士に,家の持ち主であることを告げると,状況を説明してくれました。その日の夜8時頃に大きな雷が二,三度落ち,その後30分程して,裏の家の奥さんが屋根から火の粉の上がるのを発見,あわてて消防署に連絡したのです。

● ● ●

消防士達は,留守であるため,屋根の上からの消火と,さらに,玄関を斧で壊して家に侵入し,火元と思われる二階の部屋の内部からの消火活動をしたのです。雷は,煉瓦でできた暖炉の煙突に落ち,屋根裏で発火したため,火が他の部屋にも広がっていないことを確認するために,他の部屋のクローゼットの天井はぶち抜かれており,家中は消火のために水浸しになっていました。しかし,家具やテレビなどには,被害を防ぐために大きなカバーがかけられており,クローゼット

の中の洋服等の衣類は、まとめてベッドの上に保管されていました。その夜は、家で寝ることが町の規則で許されず、消防署長の計らいで、近所のホテルに泊まったのです。署長は、「壊れた玄関の臨時錠と火事で穴のあいた屋根にプラスチックのブルーカバーをかける緊急支援会社の作業員がまもなく到着するが、何も心配するな、費用は保険会社が持つのだ。大切なのは、明日一番に保険会社に連絡することだ」と教えてくれたのです。

● ● ●

その翌日、保険会社に火事のことを連絡すると、それ以後、多くのことが次々に稲妻のごとく迅速に進行しました。まず、コントラクタと呼ばれる火災後の家を修復する仕事の請負人が登場します。次には、保険会社の専門家が、修復に要する材料と労賃を推定し、詳細な見積もりを作成したのです。それ以後、コントラクタは、保険会社の指示に従って作業を進めることになります。被災した家内と私は、数日間ホテルで過ごしますが、保険会社は不動産屋に依頼して、家が修復されるまでの間の借家を探してくれます。その借家は、最初、火災にあった家と同等の家を探してくれるのですが、森の中の淋しい大きな一軒家を選んでくれたために、これを断り、町の中の借家を選びました。この作業は、電話とファックスによって急速に進みます。借家が決まると、直ちに、すべての部屋に必要なベッドや家具、電気製品、寝具、台所用品を、2つのレンタル会社が調達してくれました。これで、被災した家が再建されるまで、快適に過ごすことが可能になります。

● ● ●

一方、火災後の家を修復する前に、家具などをすべて一時保管しますが、大きな家具はそのまま移動し、小さなものはダンボール箱に

つめて保管します。この作業は、すべて引っ越しの専門家によって手際良く処理されます。被災した洋服などは、煙の臭気を除去するため、特殊なクリーニング処理がされました。雷の強い電流のために、ガレージに止めてあった自動車は動かなくなり、テレビなどのほとんどの電気製品も故障していました。これらは修理されたのですが、修理できないものは新品に買い替えられました。

　家の改修が終了すると、保管されていた家具などは家に戻されますが、その移動の時に起こる傷などについては、後日、家具や美術工芸品などの修復の専門家が、ほぼ完全と思われるほどの修復作業を行います。その結果、わが家は火事のことがまったく分からないほどに改修され、半年後には移り住むことができました。

● ● ●

　それまでに必要だったすべての費用が、保険で完全にカバーされたのには、とても嬉しかったと同時に大変な驚きでした。この費用は、ホテル滞在費、借家などのレンタル料、すべての修理費、修理中の家の光熱費などを含んでいます。アメリカでは、このような突然の災害に対して被災者を救済するマイホーム保険についてのインフラが高度に発達し、極めて良くできていることを初めて知ったのです。特に、保険会社とのやりとりで不愉快な思いをしたことはまったくありませんでした。なお、保険の費用を、正確に比較するのは困難ですが、日本での保険の費用とほぼ同等であることが後日分かりました。そこで、日本でもこのようなことが出来ないかと願っています。

● ● ●

　シカゴに滞在した40年間には、日本から多くの方が訪問し、一緒に研究したり、とても有意義な時間をすごすことが出来ました。特に、日本放射線技術学会との約束に基づいて、1985年から2008年までの

24年間にわたって，28人の若い研究者達を受け入れることが出来ました。1984年の夏に，私は家族と大阪を訪ね，当時，大阪大学の山下一也助教授を中心に活動していた関西での画像研究会で講演したのです。その後，皆さんと中華料理の夕食を楽しんだ後，梅田の小さなバーに行き着くことになります。そこで，当時，国立循環器病センターの若松孝司先生が，大きな声を張り上げて，すごく熱心に家内と話しこんでいたのをはっきり覚えています。これを覚えていたのは，いつも物静かに話をする若松先生の普段の様子とはまったく異なり，何か重要なことを話しているように感じられたからです。この若松先生の話が何であるかがわかったのは，翌日，アルコールの消え去った後のことでした。それは，「日本における若い技師達はとても熱心で，優秀だ。しかし，このままでは駄目だ。彼らにチャンスを与えたい。出来ればアメリカに送って勉強させたい」とのことでした。私は若松先生の考えに共感し，その後，山下先生と私との航空便のやり取りがあり，若松先生の情熱が，日本放射線技術学会の短期留学制度を誕生させることになったのです。

● ● ●

この短期留学制度は1985年に発足し，最初の留学生として，国立循環器病センターの片渕哲朗先生（現・岐阜医療科学大学教授）が選ばれたのです。それ以後，多くの方々がシカゴ大学のロスマンラボで，毎年9月始めから12月のRSNA（北米医学放射線学会）開催までの約3ヶ月を過ごすことになったのです。この3ヶ月は極めて短期間ですが，留学生にとっては最大の効果のある経験をしてもらいたいと私は考えていました。そこで，この短期間に業績を増やすための研究に集中するよりも，この間に「一生忘れることのないような強い刺激を受けてほしい」と考えたのです。この刺激は，研究に対する思

想や考え方であったり、研究の進め方であったり、研究者の態度であったり、研究に用いられる具体的な技術、手法、あるいは留学生の特定のテーマに関するものであったりと多種多様でした。

● ● ●

留学生がシカゴに到着すると、早い時期に「出来るだけたくさんのカンタムジャンプをして下さい」と語りかけてきました。留学生の多くの方は、カンタムジャンプという言葉を初めて聞くようでしたが、人間の色々な面での大きな進歩は、しばしば不連続な進歩です。例えば、英会話がある日突然聞き取れるようになったとか、論文の書き方が突然分かったとか、長い間分からなかったことがある日突然分かるようになったことなどを、多くの方は経験していると思います。これが、カンタムジャンプです。

● ● ●

シカゴ滞在中の留学生の経験には、色々なことが含まれていました。RSNAでの研究発表や教育展示の準備を担当してもらったこともありますし、また、自分の研究テーマを持ち込んで、これを進展させたこともあります。コンピュータプログラムが、自分で書けるようになった人もいますし、CADの基本技術を習得した場合もあります。そこで、留学生は、色々なカンタムジャンプを経験したと思います。日本に戻ってから、シカゴでの経験を、「目からうろこが落ちた」と言った方がいますが、この方はきっと大きなカンタムジャンプを経験したのだと思います。これらの経験が、将来、日本だけでなく世界中の学会活動の進歩発展に貢献し、多くの大学や病院などでも大きく役に立つことを期待しています。多くの留学生は、現在、大学病院などで大活躍しています。また、大学教員として活躍している方々は、前述の片渕先生の他に、吉田　彰先生（県立広島大学教授）、小倉敏裕先生（群

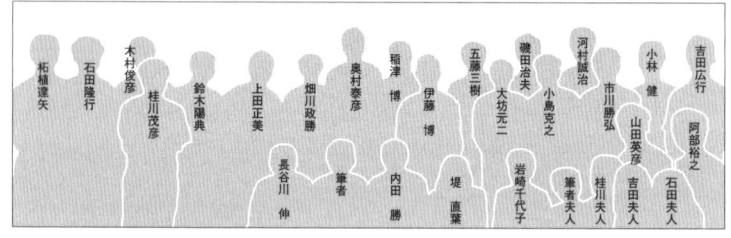

**図1 医用画像情報学会（MII）のシカゴワークショップの出席者
（1995年6月5日撮影）**

前列左から，長谷川　伸，筆者，内田　勝，堤　直葉，岩崎千代子，筆者夫人，桂川夫人，吉田夫人，石田夫人。中列右端左から，山田英彦，阿部裕之。後列左から，柘植達矢，石田隆行，木村俊彦，桂川茂彦，鈴木陽典，上田正美，畑川政勝，奥村泰彦，稲津　博，伊藤　博，五藤三樹，大坊元二，磯田治夫，小島克之，河村誠治，市川勝弘，小林　健，吉田広行。　　　　　　　　　　　（敬称略）

馬県立県民健康科学大学教授)，津坂昌利先生(名古屋大学准教授)，朝原正喜先生(徳島文理大学教授)，小田敍弘先生(京都医療科学大学教授)，白石順二先生(熊本大学教授)，千田浩一先生(東北大学教授)，肥合康弘先生(熊本大学助教)，西原貞光先生(徳島大学准教授)，下瀬川正幸先生(群馬県立県民健康科学大学教授)，西出裕子先生(岐阜医療科学大学准教授)，小縣裕二先生(大阪物療大学准教授)，五味　勉先生(北里大学准教授)，長島宏幸先生(群馬県立県民健康科学大学准教授)，田中利恵先生(金沢大学助教)などです。

第23回

世界の研究者との交流

アメリカの研究者は，一般に世界中の多くの国の研究者と頻繁に交流しています。私がブラジルを初めて訪問したのは，1977年，リオディジャネイロのICR（国際医学放射線学会）に参加するためでした。1980年には，サンパウロの近くのサンカルロスにあるサンパウロ大学へ，画像解析の基礎を教えるために2週間訪問しました。しかし，当時，地図を調べてもサンカルロスがどこにあるかはっきりしませんでした。サンパウロ空港に到着すると，日系二世の方が出迎えてくれ，自宅で昼食をご馳走になった後，サンカルロスは300km離れたところで，高速バスで3時間かかると教えられました。大変なところに来たことに気がつきましたが，戻ることも出来ず，運命に身を任すことに決めました。バスを降りると，若いご夫婦が私を見つけてホテルまで案内してくれました。それまでに写真を見たわけでもないので，この2人に「どうして私がわかったのか？」と聞いてみました。すると，「この町ではジャケットを着ている人はいないし，もし着ていたとしても20年前の洋服だ」との返事に大笑いしました。ご夫婦はヤンとアニイで，ヤンはベルギー人で英語を話しますが，アニイはフランス人で英語を話しませんでした。ブラジルではポルトガル語が公用語です。アニイは料理の名人で，昼食は，毎日2人の家でブラジルの素晴らしいご馳

走を楽しみました。サンカルロスは田舎の小さな町で，ほとんど何もないところでしたが，熱帯の巨大なポインセチアの木や，見たことのない樹木の美しい花は，実に見事でした。そこで，町を歩きながら，たくさんの樹木の花のカラースライド写真を撮ったのです。

● ● ●

その後，アメリカで講演する時には，研究スライドの合間にブラジルの美しい花のカラースライドを見せていました。ニューヨークのコロンビア大学で講演した時に若い方が，「あれは，サンカルロスだ」と叫んだのです。彼はブラジルからの留学生で，サンカルロスに住んでいたことがあったのです。数年後には，彼はシカゴ大学の医学物理大学院に入学し，放射線治療の分野でPh.D.をとりましたが，不思議な縁でした。ブラジルにはその後，何度も訪問することになり，多くの友人が出来ました。アニイ（モジ大学教授）はブラジルの医学物理・医療情報関連学会の会長になり，1997年に私を特別講演に招待してくれたのは大変な感激でした。一方，ブラジルからは，レジナ・メデイロス（サンパウロ大学教授），パウロ・マーキイズ（サンパウロ大学準教授），ロベルト・ペレイラなどがシカゴ大学を訪問・滞在し，研究員として一緒にCADの開発研究に従事してくれました。

● ● ●

1979年には，WCMP & BE（国際医学物理学会）がイスラエルで開催され，私は，初めてエルサレムを訪問しました。イスラエルに入国するまでは，極めて厳しい検査が繰り返されましたが，イスラエル国内では，ところどころの検問所以外は，パリの街角にいるような平和な印象を受けたのは不思議でした。観光客の数はかなり多く，ベツレヘムのキリスト生誕地やマサダなどを見学することは可能でした。イスラエルの主要な医療機器企業はエルシントという会社でしたが，

第23回 世界の研究者との交流

1983年には，デジタル画像の基礎と解析について1週間の講義を依頼され，二度目のイスラエル訪問をしました。毎日の講義の間には，若いエンジニアのノーム・アルペリンが，ユダヤ教教会や町を案内してくれました。数年後，ノームはシカゴ大学医学物理大学院に入学し，ロスマンラボのケン・ハフマンの指導の下でPh.D.を取得し，現在はマイアミ大学教授として頭部MRの分野で大活躍しています。

● ● ●

ドイツのブレーメン大学には，ハインツ・オットー・パイケンというフラクタルに関する著名な数学者がいます。パイケンは，数学の色々な手法を金融関係に応用するためのベンチャー企業を始めていましたが，更に医学への応用にも興味を持っていたため，ブレーメン市の支援を受けて，1998年にメイビス（MeVis）というベンチャー会社を設立します。パイケンは，メイビスの創立記念式典にアメリカから私と数名の人を招き，マルクト広場のブレーメン市庁舎で市長を招いて大がかりな式典を行いました。この記念式典では，フラクタルの概念を提唱したベノア・マンデブロに会いましたが，ベノアはJapan Prize（2003）を受賞した方で，極めて知識が幅広く，日本のこともよく知っているのにびっくりしました。私は，メイビスの理事として毎年ブレーメンの会議に出席していましたが，パイケンはドイツ国内企業や大学と良い関係を保ち，更にドイツ政府から多額の研究資金を獲得していました。

● ● ●

スペインのサンチャゴ大学には，学位審査で訪問するチャンス（第17回目：108〜110ページ参照）がありましたが，マラガ大学においても，医用画像分析について頻繁な交流がありました。マラガ大学放射線科のチェアマンはゴルフの好きな方で，デジタルマモグラフィ

国際会議をマラガ空港近くのゴルフリゾートで開催しました。チェアマンの奥さんはメルセデスという名前でしたが，スペイン女性の代表的な名前だと教えられました。ドイツのメルセデス・ベンツという自動車の開発には，ドイツの資本家ベンツさんとスペインのエンジニアが関係していたそうです。自動車が完成したときに，ベンツさんは技術者にどのような名前をつけたいかを聞いたのですが，彼は自分の娘のメルセデスを希望したのです。そこで，メルセデス・ベンツが誕生したのです。マラガ大学からは，パコ・バルベルデやエンリケ・ナバなどがロスマンラボに滞在して，共同研究を進めることが出来ました。パコの家族とはとても親しくなり，パコの結婚式に招かれ，その後も時折マラガを訪問しています。

● ● ●

オランダには，1990年にデイビッド・ガー（ピッツバーグ大学教授），チャーリー・メッツ（シカゴ大学教授）と私が一緒にオランダに招かれ，1週間の講演旅行を楽しみました。滞在中は，ライデンに宿泊し，毎日電車を利用してオランダ各地の大学や研究所を訪ねて，メッツはROC曲線，デイビッドはPACS，私はCADについて講義したのです。オランダやヨーロッパの小さな国は，このような企画の経費を効率良く利用することに，極めて慎重で注意深いと思いますが，日本は見習う点があると思います。その後，オランダではCADの研究が極めて活発になっています。

● ● ●

中国からは，多くの学生や研究者がシカゴ大学に滞在しています。最近，中国では頻繁に国際会議が開かれており，訪問するチャンスは多くなっています。1999年には，広州医科大学のシェ名誉教授に招かれ，香港を出発地として，広州，上海，北京をシェ教授と一緒に

訪問し，各地の大学で講演したのは楽しい経験でした。広州陸軍医科大学では，軍服と帽子に身を固めた学生達に講演したのは稀なる経験でしたし，学生のはきはきした良い質問にはびっくりしました。香港の理工大学には，Ph.D.学生の学位審査で訪問しましたが，PACSの開発者として有名なバーニー・ファン（南カリフォルニア大学教授）は大学の顧問ですので，同席してCADのPACSへの導入などを議論したことがあります。また，フク・ヘイ・タン（香港理工大学準教授）は，シカゴに滞在して共同研究を行っています。

● ● ●

韓国を初めて訪問したのは，1987年の国際会議でした。この時ソウルの観光バスに案内され，戦争中に日本軍が韓国に大きな傷跡を残したことを目撃したのはとても悲しいことでした。韓国の王宮敷地の真ん中に，韓国文化とは全く不釣合いな大理石の巨大な日本軍総司令部が作られていました。これの除去や移転には，当時あまりに費用がかかるので取り除くことが出来ないと聞きました。その後，韓国での国際会議などで，韓国の放射線医学の父と言われるマン・チェン・ハン先生（前・ソウル国立大学教授），金　正敏先生（高麗大学教授）や放射線技術の先駆者達にお会いできたのはとても楽しかったです。ハン先生は，日本の高橋信次先生（元・愛知がんセンター総長）のような方だと思いました。

● ● ●

シカゴでは，2回の国際シンポジウムを開催し，世界中の研究者達を歓迎・交流することが出来ました。1996年のIWDM（国際デジタルマモグラフィ会議）と，1998年の世界最初のIWCAD（国際コンピュータ支援診断会議）です。国際会議を主催するには，その準備から資金集めなど多くのことが要求されます。しかし，ロスマンラボの

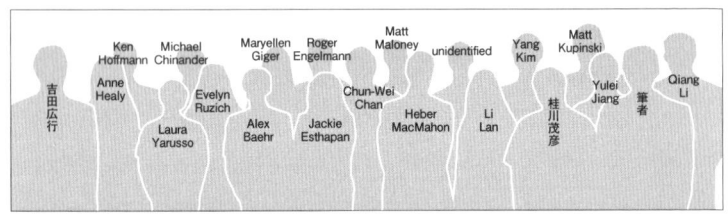

図1 第1回CAD国際ワークショップを支援したシカゴ大学ロスマンラボのスタッフ（1998年9月20日撮影）

前列左から，吉田広行，Anne Healy, Laura Yarusso, Evelyn Ruzich, Alex Baehr, Jackie Esthapan, Chun-Wei Chan, Heber MacMahon, Li Lan, 桂川茂彦, Yulei Jiang, 筆者, Qiang Li。後列左から，Ken Hoffmann, Michael Chinander, Maryellen Giger, Roger Engelmann, Matt Maloney, unidentified, Yang Kim, Matt Kupinski。 （敬称略）

全員が協力してくれて（図1），スムーズに開催できました。この会議では，30人ほどの世界的に著名な研究者を招待し，一流の出版社から会議録の本を出版することも出来ました。また，多くの企業から多額の寄付をいただきました。その後，IWCADについては，ハインツ・レムケ（前・ベルリン工科大学教授）の招きでCARS（国際コンピュータ支援放射線医学・外科学会）に参加することにしました。現在，CARSの一部として毎年開催されています。

第24回

類似画像のサイエンスの始まり

　多くの研究者は，それぞれの分野で大きな貢献をしたいと考えています。2010年10月，2人の日本人研究者がノーベル化学賞を受賞したとのニュースに日本中が大喜びでした。北海道大学の鈴木　章先生と米パデュー大学の根岸英一先生は，有機化合物の合成についての新しい手法を開発されたとのことです。この手法は，現在多くの医薬品や液晶パネルなどの実用品にも使われているそうです。有機化合物の合成についてのサイエンスが科学の分野で大きな貢献をし，さらに，実際に人類の役に立っていることは明らかです。このことはサイエンスの重要性を示しています。サイエンスが世の中に貢献している例はたくさんあります。現代人は，自動車，パソコン，携帯電話などの文明の利器を楽しんでいると思います。これらの装置の心臓部分は半導体ですが，半導体の実用は過去70年程の間に大きく進歩した固体物理というサイエンスのお陰です。

●　●　●

　最近のカラーテレビやデジカメのカラー画像は，素晴らしい画質になっています。これが実現できたのは，色に関するサイエンスの知識が大きく寄与しているからです。今から100年程前には，当時一流の物理学者が，色とは一体何だろうか，式で表現できないかを考えてい

ました。しかし，色を式で表現したり，計測したり，正確に色を再現することについては，1930年代から約50年かかって実現したのです。これは，カラー写真やカラーテレビの研究者達が，色度図や人間の視覚の特性などの研究を積み重ね，多くの技術を開発し，「色に関するサイエンス」が出来上がったからです。

● ● ●

　類似画像は現在，世の中ではほとんど利用されていません。しかし，類似画像は将来，医学や他の分野で大きく利用される可能性があると私は考えています。その時には，類似画像に関するサイエンスが必要になります。約10年前に，私は類似画像が必要になると感じて，シカゴ大学で多くの研究者達と一緒に研究を始め，最近では「類似画像に関するサイエンス」が，どうやら見えてきたとの感触を持っています。

　類似度とは，2つの画像が提示された時に，2つの画像の似ている程度を示します。類似度には，2種類の定義が可能です。人間が観察する時に感じる類似度は主観的類似度と呼びますが，画像の特徴量に基づいて計測する類似度は，客観的類似度になります。画像の特徴量には，寸法，形状，コントラストなど多くの特性を含むことが可能です。客観的類似度は主観的類似度と一致していませんが，将来良い対応をする客観的類似度を見つけることができるかもしれません。主観的類似度に関する基本的な疑問は，「類似度は，再現性良く，信頼性の高い定量化はできるだろうか？　普遍的な概念だろうか？」などだと思います。

● ● ●

　主観的類似度の絶対値での測定は 0 〜 1.0 などのレンジ（0は全く似ていない，1.0はほとんど同じくらい似ている）の定量化が可能です。

マモグラムにおける乳がんに関係する微小石灰化や腫瘍，CT画像における肺がん陰影や間質性陰影などの主観的類似度の再現性は，色などについての心理物理的実験と「同等の再現性」が得られています。陰影の種類が異なる画像のペア（例えば，乳がんのペアと肺がんのペア）の主観的類似度はペアに固有のもので，異なった陰影のペアを比較することができます。例えば，ある乳がん陰影のペアの類似度が0.8，別の肺がん陰影ペアの類似度が0.6ならば，この乳がん陰影のペアは肺がん陰影のペアよりも類似度が高く，これらの主観的類似度の絶対値は，普遍的な性質を持っています。主観的類似度の相対値は，一対比較法などによる独立した実験で得られますが，絶対値の結果と矛盾のない良い対応をしています。

● ● ●

主観的類似度には，2つの異なった成分が含まれることがわかっています。それは，「専門知識を必要としない成分」と，「専門知識が必要な成分」です。例えば，低線量CT画像のノジュールについては，医師でも技術者でも，主観的類似度の判断はほぼ同等です。これは専門知識を必要としないペアの類似度に対応します。しかし，マモグラムの陰影のペアの主観的類似度については，乳房専門家の判断は胸部専門家の判断と大きく異なります。この場合には，乳房の専門知識が決定的に重要です。そこで，主観的類似度の判断の実験では，類似度の判断の目的を明確に定義することが重要です。画像診断の分野では，「診断の目的」に対する類似度と定義する必要があります。

● ● ●

類似画像の必要性と有用性に関しては，乳房撮影で得られる腫瘍について，医師が悪性か良性かを決定する場合を考えます。この良性・悪性の区別は鑑別診断と呼ばれていますが，医師にとって一般に困

難な作業です。そこで,「悪性・良性の既知のデータベースから,対象腫瘤に類似する悪性・良性の複数の例を検索し,対象画像の両側に提示する」のです。その結果,対象腫瘤が悪性（または良性）の例によく似ていれば,対象腫瘤は悪性（または良性）と医師は判断します。実際,そのような観察者実験が行われ,類似画像が鑑別診断の改善に役に立つことが証明されています。

●　●　●

　類似画像を鑑別診断に利用するには,対象陰影に最も類似する陰影をデータベースから検索する必要があります。そのためには,膨大な数のペアについて客観的類似度を比較する必要があります。しかし,先述のように,主観的類似度に近い「信頼性の高い客観的類似度」は見つかっていません。さらに,類似画像を実用化するには,大きなデータベースの開発が要求されます。世界中の先端的な病院では,PACSが実用化されています。PACSには,膨大な量の医用画像が蓄積されていますが,現在,この画像は「眠っている」と思います。この膨大な量の画像は,同じ患者の過去画像を参照する場合,あるいは研究や教育の目的以外には,ほとんど使われていません。これは極めて残念なことです。そこで,医用画像分野の大きなチャレンジは,この「眠っている画像」を毎日の臨床の目的に利用することです。ひとつの方向としては,類似画像を利用することです。しかし,類似画像に関する研究は,まだ始まったばかりです。今後,若い研究者の活躍を期待しています。

●　●　●

　ICRU（国際放射線単位測定委員会）は,1925年にロンドンで開催されたICR（国際放射線医学会議）において設立された放射線の単位,測定,物理データなどに関する世界最高レベルの機関です。シー

第24回 類似画像のサイエンスの始まり

ベルトやベクレルなどの単位は，ICRU が決めたのです。ICRUの目的は，国際的にアクセプタブルな勧告をICRUレポートとして出版することで，今までに86のレポートが出版されています。ICRUの運営や企画は，15人の委員によって決定されます（図1）。新しい委員は，空席ができた時に，世界中の研究者の候補リストから現委員の投票によって決められます。私は，1989年から2010年までの22年間にわたってICRU 委員を務めましたが，私にとって最も名誉で貴重な，とても楽しい仕事だったと感じています。世界中のどこかで毎年開催されるICRU会議は一週間缶詰状態で，世界一流の科学者達との議論と会話は，刺激に富み，素晴らしい経験でした。委員は，放射線物理，放射線計測，医学物理，放射線治療，放射線生物，放射線防護，核医学，放射線診断，医用画像と放射線医学などの分野を代表する研究者達でした。サイエンスの議論に基づく厳しい対立は通常のことでしたが，お互いの立場を尊重し，深い敬意の念を持った真摯な議論であることは明確でした。

● ● ●

ICRUが私に初めてコンタクトしてきたのは1970年代でした。当時，ICRUは放射線画像の画質の定量的な評価にMTFを用いることが必要と考え，ICRUの下部組織としてレポート委員会を創設したのです。私は，委員長としてこれを引き受け，数年間の作業の結果，1986年にICRUレポート41が出版されたのです。このレポートの最終原稿が完成した時，私はイギリスのオックスフォードで開催されたICRU会議に呼ばれ，原稿の隅から隅まで厳しく質問攻めにあい，多くの修正を余儀なくされました。しかし，この経験を通じて，私はICRUのレベルの高さに驚きました。第16回目（99〜104ページ）には，NIHグラントの熾烈な獲得競争のため，グラント申請の用意には細心の注

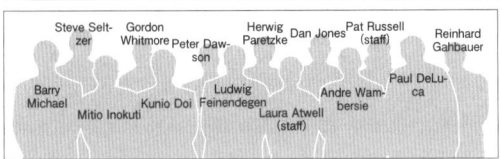

図1 2006年オハイオ州立大学でのICRU会議に出席のICRU委員
左から, Barry Michael, Steve Seltzer, Mitio Inokuti, Gordon Whitmore, 筆者, Peter Dawson, Ludwig Feinendegen, Herwig Paretzke, Laura Atwell (staff), Dan Jones, Andre Wambersie, Pat Russell (staff), Paul DeLuca, Reinhard Gahbauer (敬称略)

意が必要であることを述べました。しかし, ICRUレポートの準備には, NIHグラント申請準備の数倍の努力が必要と感じました。そこで, ICRUの活動には, 私は深い尊敬の念を持っていました。1988年の夏, パリで開催されたICRU会議の間に, チェアマンのアンドレ・アリセイ (国際度量衡局研究所BIPM・前所長) からシカゴで突然電話を受け取りました。アンドレは, 「クニオ, 貴方はICRU委員に選出されました。アクセプトしてくれるだろうか？」とのことで, びっくりしたのですが, 喜んでアクセプトする旨を伝えたら, 「ICRU委員として成功してほしい」との温かい返事をいただきました。私はその後, この言葉を忘れることはありませんでした。

第25回
知られざる群馬の素晴らしさ

　2008年5月に，私は群馬県立県民健康科学大学の学生や教員に講演するチャンスがありました。その時，杉森みど里学長（当時）に初めてお会いしたのですが，5分も立たないうちに「学長をやりませんか」と言われてびっくりしました。「若い方にお願いしてはいかがですか」と返事をしたのですが，「この仕事は若い方にはお願いできません」との返事でした。その後，メールのやり取りを経て，2009年4月には学長に就任することになったのです。私は，長い間，学会や研究者を中心に講演していましたが，最近では次世代を担う若い方々にも直接話をしたいと思っていました。そこで，学長として若い方と一緒に仕事ができるのは良いことだと思ったのです。しかし，群馬に着任して，シカゴとは大分違うことに気がつきました。今まで世界中の研究者は，自分の研究仲間の知り合いでしたが，群馬では，県庁をはじめ，県立病院，大学など見知らぬ方ばかりでした。当たり前のことですが，この環境の変化に慣れるのは，容易ではありませんでした。

● ● ●

　家内は桐生出身なので，群馬との関係は若干あるのですが，私は群馬との関係は全くありませんでした。2012年の47都道府県の魅力度アンケート調査のランキングによると，群馬県は最下位の47番目

でしたので，この結果にはびっくりしました。群馬には，素晴らしいものがたくさんあるので，「何かがおかしい」と感じています。そこで，群馬での私の経験と観察を以下に述べます。

　群馬県は関東平野の北西端に位置し，1/3は平野で2/3は山岳です。これは素晴らしいバランスです。平野は住宅，工場，農地に利用できますが，山岳はレクリエーション，観光地，特別な野菜や果物の栽培に適しています。前橋からは，日帰りで多くの観光地を訪問できます。山岳では上毛三山と呼ばれる赤城山，榛名山，妙義山と特徴の異なる山があり，谷川岳一ノ倉沢の巨大な岸壁と大雪渓では，日本には珍しい氷河の浸食跡が眺められます。赤城山麓と榛名山麓のすそ野は，富士山のすそ野のように雄大です。草津白根山と日光白根山の紅葉は素晴らしいです。浅間山は，最も活発な活火山のひとつです。前橋市の自宅マンション14階からのこれらの山岳の眺めは，絶品だと思います。冬には近くの赤城と榛名はほとんど雪を被りませんが，遠くの高い山々は積雪で白く輝いて見えます(**図1**)。遠方には八ヶ岳も見えるのです。14階でも絶景を楽しめるのは，前橋市にはほとんど高い建物がないからです。私は朝起きると，毎日，窓の外を眺めるのが楽しみです。

● ● ●

　群馬県の山岳には，たくさんの川が流れています。群馬の川と渓谷はとても綺麗です。山岳地帯の比較的小さな川の水は，ほぼ無色透明で泳いでいる魚が見えます。群馬の川が綺麗なのは，「山から駆け落ちるような急流であることと，泥ではなく岩や石ころの間を流れている」からだと思います。利根川は日本で一番大きな川で，群馬では急流で水の量が多く，「坂東太郎」と呼ばれる力強さを感じます。群馬の代表的な川は，渡良瀬川，片品川，吾妻川，烏川，神流川などです。沼田市には，天然記念物の吹割の滝があります。高さ7m，幅30m

第25回 知られざる群馬の素晴らしさ

図1 前橋から眺める冬の県境の山脈，雄大な榛名山麓と手前の利根川

の巨大な岩にかかる見事な滝で，流れ落ちる清流と飛び散るしぶきの迫力に圧倒されます。東洋のナイアガラと呼ばれていますが，初めて見た方は，日本にこのような滝があることにびっくりしています。片品村の尾瀬湿原は国立公園で，山に囲まれた高原の湿地帯を夏の短い期間だけ，素晴らしい景観と散策を楽しむことができます。

●　●　●

　群馬には80以上の温泉があります。湧出量日本一の草津温泉と湯畑は有名ですが，榛名山中腹の伊香保温泉は，情緒豊かな石段街で知られています。草津温泉では，1円玉を温泉に浸けておくと1週間で消失するそうです。そこで，草津の強酸性の湯の後には，近くの沢渡温泉や四万温泉などの緩やかな温泉に入る「合わせ湯」が行われていたのです。群馬の山奥には宝川温泉や法師温泉など，1軒しかない温泉宿があります。法師温泉では，「50年前に降った雨水が，今この温泉になっている」と宿の主人に聞き，感慨深く温泉に浸かりました。宝川温泉は，美しい透明な川の両側の巨大な露天風呂が素晴らしいです。尻焼温泉は，川底から温泉が湧く公共の大露天風呂で，天然の温泉プールの風情です。

● ● ●

　栃木県の日光から長野県の小諸までの間の「日本ロマンチック街道」の大部分は，群馬県の山岳地帯です。ドイツのロマンチック街道とは異なり，日本のロマンチック街道は，山間部に延びた鄙びた飾り気のない自然がいっぱいの街道です。この街道では，ゆっくりと低速でドライブしながら素晴らしい景色を楽しむことができます。その一部には，沼田の7段の河岸段丘の広大な眺望を楽しむことができます。この日本最大の河岸段丘は，大昔に赤城と榛名が活火山時代の大爆発で川をせき止めて平坦な地形を形成したものが，度重なる隆起などで作られたのだそうです。この近くには，「日本で最も美しい村」のひとつである昭和村があります。昭和村は，赤城山麓のすそ野の一部で，北海道のような広大な畑からなっていますが，アスパラガス，レタス，コンニャクなどの野菜の産地として知られています。

● ● ●

　歴史的に重要な遺産としては，明治時代の日本の輸出産業として大活躍した富岡製糸場と絹産業遺産群があります。群馬には，蚕飼育を行った多くの個人家屋が今でも残っています。これらは，蚕のための空気抜きの小さな屋根を重ねた個性的な特徴のある大きな家屋で，群馬の各地に見られます。高崎市の一部の箕郷(ミサト)梅林は，私の気に入っている場所です。3月中旬の梅の開花時期には，榛名山麓の雄大なすそ野一面に咲く梅の花と，遠方にかすかに見える高崎の高層建築の絵に描いたような素晴らしい景色は，世界に比較するものがないと思われるほどです。群馬の西側の下仁田町，南牧村，上野村は，山岳とせせらぎが聞こえる美しい川と渓谷の間に，古い町が残っている素晴らしい所です。少子高齢化のため住民人口は極端に減少していますが，日本の宝物のような場所です。下仁田の神津牧場（第3回目：20〜

第25回 知られざる群馬の素晴らしさ

21ページ参照）は，日本最初の西洋式牧場です。日本の山岳地帯に，このような牧場が100年ほど前に作られたことは，先人達の思慮深さに目をみはるものがあると思います。現在では，若い方のサマーキャンプにも利用されています。群馬県には40以上のダムがあります。東京や関東へ電気と水を供給しているのです。スポーツ施設としては，豪雪地帯を含むため多くのスキー場があり，ゴルフコースもたくさんあります。東京から若干遠いために，比較的安く（週日昼食付で5500円）ゴルフをプレイできます。

● ● ●

群馬の食材には，コンニャク，下仁田ネギ，吾妻の高原キャベツ，上州うどん，上州麦豚などがあります。最近では「トントンの街前橋」ということで，豚肉料理を競うT-1グランプリが始まっています。この豚肉料理には，トンカツ，トンテキ，生姜焼き，トントン汁，角煮，中華風料理，韓国風料理など色々なものがあります。前橋のトンカツは，斜めにカットしてあります。初めて見たときには奇異な感じでしたが，前橋のトンカツは肉が厚いので，斜めにカットするとその厚さが強調されます。一方，東京のトンカツは肉が薄いので，垂直にカットするしかないのだと思います。群馬では，一般に物価が安いと思います。学生の下宿やアパートの家賃は，東京の約半分だそうです。土地や家屋もかなり安いので，若い方が自宅を持つことができます。ほとんどの食材は，農家の直売所で新鮮なものが安く入手できます。

● ● ●

日本最古の文書「日本書紀」以前の古墳時代には，群馬の地に多くの人が住んでいたようです。群馬県には大小さまざまな古墳が1万以上あるそうです。新幹線工事や高速道路工事などで，色々な遺跡が見つかっています。最近では，渋川市の金井東裏遺跡から「鎧を着た古

墳人」が発掘されたのは大きなニュースでした。この古墳人は，榛名山の大爆発による火砕流のために亡くなったと推定されています。その時代のことははっきりわかりませんが，この付近は榛名山と赤城山の広大なすそ野の肥沃な土地で農耕に適し，川からの水も利用できるし，冬には積雪が少なく住みやすい気候だったと想像されます。高崎市には多くの古墳がありますが，前方後円墳を復元した保渡田古墳群では，「古墳が造られた時の姿」を目の前にしたのは感激でした。観音塚古墳は，巨大な横穴式石室で知られていますが，天井に使われている最大の石は60トンもあります。この石室は，昭和20年3月に防空壕を掘っていた時に発見されたそうです。副葬品として，1400年前の刀剣，金環，銅鏡などが多数発見されています。さらに，3万年前の旧石器時代が日本に存在したことは，昭和21年にみどり市の岩宿遺跡で石器が発見されたことがきっかけとなっています。これは画期的な大発見でした。

● ● ●

　群馬の文化レベルは，極めてユニークだと思います。まず，群馬交響楽団と群馬天文台の存在です。国内には，このように立派な規模の施設を持っているのは群馬県だけです。公立大学は，高崎経済大学，前橋工科大学，県立女子大学と県立県民健康科学大学の4大学があります。戦後の首相の中で群馬出身者は，福田赳夫，中曽根康弘，小淵恵三，福田康夫の4名で，日本で一番多いそうです。日常生活で親しんでいる名前は，ヤマダ電機，富士重工業（スバル），ガトーフェスタハラダのラスクなどでしょう。しかし，群馬で素晴らしいのは，どこへ行っても混んでいないことです。それが「知られざる群馬の素晴らしさ」のひとつに思えるのです。

●参考文献
1）池田秀廣：群馬・折々の散歩道. 群馬県信用保証協会, 2012.

土井 邦雄

群馬県立県民健康科学大学学長
シカゴ大学名誉教授

1962年　早稲田大学理工学部応用物理学科卒業
　同年　大日本塗料（株）入社
1969年　シカゴ大学放射線科研究員
1977年　シカゴ大学放射線科教授
2000年～日本放射線技術学会名誉顧問
2007年～Radiological Physics andTechnology
　　　　編集委員長
2009年　シカゴ大学名誉教授
2009年～群馬県立県民健康科学大学学長

学長の回顧録
在米40年，シカゴ大学名誉教授の波瀾万丈研究人生

（定価はカバーに表示してあります）

2014年4月3日　　　　　　　　　　　　　　　　　　　　検印省略

著　者　　土井 邦雄
発　行　　株式会社　インナービジョン
　　　　　〒113-0033　東京都文京区本郷 3-15-1
　　　　　TEL 03-3818-3502　FAX 03-3818-3522
　　　　　E-mail　info@innervision.co.jp
　　　　　URL　http://www.innervision.co.jp
　　　　　郵便振替　00190-6-53037
印　刷　　株式会社　シナノ

©INNERVISION　　落丁・乱丁はお取り替えいたします。
ISBN978-4-902131-29-1